# パリジェンヌのフランス語

酒巻洋子

**SANSHUSHA**

# パリジェンヌとは？

Qui est Parisienne ?
[キ・エ・パリジェンヌ]

すっかり日本でもお馴染みの"パリジェンヌ"という言葉ですが、どういう人々なのか、おさらいしてみましょう。

まずはパリという街から。ご存知、"パリ (Paris [パリ] (m.))"は日本なら"花の都"と称されることが多いのですが、フランスでは"光の都 (la Ville Lumière [ラ・ヴィル・リュミエール])"と呼ばれるのが一般的。または、"世界で最も美しい街 (la plus belle ville du monde [ラ・プリュ・ベル・ヴィル・デュ・モンド])"とも称されます。"フランスの首都 (la capitale de la France [ラ・キャピタル・ドゥ・ラ・フランス])"であるため、そのまま"首都 (la capitale [ラ・キャピタル])"と呼ぶことも多いです。本場でもやはりパリは煌びやかなイメージが強いですね。

そのパリに住む人々が、男性ならば"Parisien [パリジャン]"、女性ならば"Parisienne [パリジェンヌ]"と呼ばれます。または話し言葉ならば、"パリっ子 (Parigot [パリゴ]、Parigote [パリゴット])"とも。一言で「パリに住む人々」と言っても、地区ごとで雰囲気が異なるパリでは、各地区に住む人々も異なります。

まず、パリはセーヌ川を境に大きく2つに分けられます。商業の中心と言われる北側の"右岸 (la rive droite [ラ・リーヴ・ドロワット])"と、文化や知性の中心と言われる南側の"左岸 (la rive gauche [ラ・リーヴ・ゴーシュ])"です。現在はその区分が曖昧になりつつありますが、両岸の雰囲気は異なり、パリジェンヌたちも右岸派、左岸派と好みが分かれるところ。そこをさらに特徴的な"地区 (quartier [カルティエ] (m.))"ごとに細かく分けることができます。

階級社会の残るパリには、昔から上流階級の人々が住む"高級住宅地（les beaux quartiers [レ・ボー・カルティエ]）"が7、8、16区にあります。そこに住む、見るからに育ちがよく上品な人々を、"BCBG [ベー・セー・ベー・ジェー]（bon chic bon genre [ボン・シック・ボン・ジャンル]の略）"と呼びます。さらに近年よく話題に上るのが、いわゆる"下町（les quartiers populaires [レ・カルティエ・ポピュレール]）"であるマレ地区、サン・マルタン運河、バスティーユ周辺で、伝統にとらわれないお洒落な生活を送る"BOBO [ボー・ボー]（bourgeois bohème [ブルジョワ・ボエム]の略）"と呼ばれる人々。いわゆる女性誌で取り上げられる"憧れのパリジェンヌ"たちの代表です。

しかしながら大都市パリには"地方出身者（provincial(e) [プロヴァンスィアル]）"や、旧植民地やヨーロッパ諸国からの"移民（immigré(e) [イミグレ]）"が多く住んでいるのが事実。したがって多種多様な人々が混ざり合って作り上げているのが、"今日のパリジェンヌ"の姿と言うわけです。その中には"お洒落なパリジェンヌ"もいれば、"スノッブなパリジェンヌ"もいるし、"親切なパリジェンヌ"もいれば、"不機嫌なパリジェンヌ"もいます。

それでも"パリジェンヌ"という1つのジャンルが確立し得るということは、パリに住む人々がパリという街を愛し、自分が"パリジェンヌ"であるということを誇りにしている証でしょう。もし、あなたが少しでもパリに滞在することがあるのならば、自分なりの"パリジェンヌ"を気取ってみてはいかがですか？ パリにいる間は、誰でも"パリジェンヌ"になり得るのですから！

パリジェンヌとは？ 004
パリジェンヌ風に話してみましょう 008

## Chapitre 1 平日のパリジェンヌ 012

Au café　カフェで　014
Au métro　地下鉄で　022
Au déjeuner　昼食で　032
Au rendez-vous　約束で　040
A Vélib'　ヴェリブで　052
Au resto　レストランで　058

## Chapitre 2 週末のパリジェンヌ 070

Au marché　市場で　072
Aux puces　蚤の市で　080
Au jogging　ジョギングで　088
Au pique-nique　ピクニックで　096
Au shopping　ショッピングで　100
Au cinéma　映画館で　108
A la fête　パーティーで　118
En vacances　バカンスへ　126

### コラム

あいさつをするパリジェンヌ　010
近況を聞くパリジェンヌ　030
ひとこと言うパリジェンヌ　050
返事をするパリジェンヌ　068
褒めるパリジェンヌ　094
嘆くパリジェンヌ　116
大げさなパリジェンヌ　132

フランス語の略語　057
フランス語の日常語　087

SOMMAIRE

⚠ 本書では、状況に応じて単語に定冠詞、不定冠詞、部分冠詞を明記しています。一見して男性名詞か女性名詞か分からない場合は、男性名詞には(m.)、女性名詞には(f.)を表記しています。"パリジェンヌ"をテーマとしているため、例文内で"女性形"になっている部分があります。"女性形"を"男性形"にしたり、また通常の例文は、"パリジャン"としてもそのまま使うことができます。

|  | 男性単数 | 女性単数 | 男女複数 |
| --- | --- | --- | --- |
| 定冠詞 | le ( l' ) | la ( l' ) | les |
| 不定冠詞 | un | une | des |
| 部分冠詞 | du ( de l' ) | de la ( de l' ) | |

# パリジェンヌ風に話してみましょう

Parlons comme les Parisiennes.
[パルロン・コム・レ・パリジェンヌ]

本書では「話し言葉」を中心に紹介しています。パリだけでなく、フランス全体でも話し言葉では、省略した言い方が一般的です。パリジェンヌたちは文章をかなり短くして話しているのです。まずは「話し言葉」として省略する部分を見てみましょう。

> 否定形 "ne ～ pas[ヌ・～・パ]（～ない）" や "ne ～ plus[ヌ・～・プリュ]（もはや～ない）"、"ne ～ rien [ヌ・～・リヤン]（何も～ない）" などの "ne" を省略します。

## Je n'ai pas beaucoup de temps.
[ジュ・ネ・パ・ボークー・ドゥ・タン]

🔽 話し言葉にすると、

## J'ai pas beaucoup de temps.
[ジェ・パ・ボークー・ドゥ・タン]
時間があまりないわ。

## Ce n'est pas vrai.
[ス・ネ・パ・ヴレ]

🔽 話し言葉にすると、

## C'est pas vrai.
[セ・パ・ヴレ]
うそでしょう。

> "c'est ～[セ・～]（それは～です）" の "c'est" を省略します。

## C'est extraordinaire !
[セ・テクストラオルディネール]

🔽 話し言葉にすると、

## Extraordinaire(Extra) !
[エクストラオルディネール（エクストラ）]
すばらしい！（さらに略して言うことも）

> "il y a～[イリヤ]（～がある）"の"il"または"il y a"を省略します。さらに否定形の"ne"も省略。

## Il n'y a plus de place.
[イル・ニヤ・プリュ・ドゥ・プラス]

🔽 話し言葉にすると、

## Y a plus de place.
[ヤ・プリュ・ドゥ・プラス]
空きがありません。

## Il n'y a pas de quoi.
[イル・ニヤ・パ・ドゥ・クワ]

🔽 話し言葉にすると、

## Pas de quoi.
[パ・ドゥ・クワ]
どういたしまして。

> 主語人称代名詞"tu [テュ]（君は）"は後に続く動詞が母音始まりの場合、つなげて発音します。

## Tu as raison.
[テュ・ア・レゾン]

🔽 話し言葉にすると、

## T'as raison.
[タ・レゾン]
その通り。

## あいさつをするパリジェンヌ

### Les Parisiennes qui saluent.
[レ・パリジェンヌ・キ・サリュ]

パリジェンヌを気取るならば、まずはあいさつから。
パリではお店に入る時や、出る時も、
あいさつをするのが基本です。

### 基本のあいさつ

誰にでも一般的に使うのが、下記の3つの言葉。店の人などには言葉だけですが、初対面や顔見知りぐらいの間柄ならば、握手をすることもあります。

Bonjour. [ボンジュール]　おはよう。こんにちは。
Bonsoir. [ボンソワール]　こんばんは。さようなら。（別れる時も使える）
Au revoir. [オーヴォワール]　さようなら。

### 別れのあいさつ

「さようなら」だけでなく、一言加えると親しみが増します。

Bonne journée ! [ボンヌ・ジュルネ]　よい1日を！
Bon après-midi ! [ボン・ナプレ・ミディ]　よい午後を！
Bonne fin d'après-midi ! [ボンヌ・ファン・ダプレ・ミディ]　よい午後の終わりを！
Bonne soirée ! [ボンヌ・ソワレ]　よい晩を！
Bonne nuit. [ボンヌ・ニュイ]　おやすみ。

### 丁寧なあいさつ

あいさつに人の名前や下記の敬称を付け加えると、途端に丁寧な言い方になります。

monsieur [ムスィユー]　（男性に向かって）
messieurs [メスィユー]　（複数の男性に向かって）
madame [マダム]　（女性に向かって）
mesdames [メダム]　（複数の女性に向かって）
mademoiselle [マドモワゼル]　（若い女性に向かって）
mesdemoiselles [メドモワゼル]　（複数の若い女性に向かって）

> 軽いあいさつ

友達同士なら、さらに言い方もさまざまです。会った時も別れる時もあいさつをしながらお互いの頬を寄せて、チュッとビズ "bise [ビズ] (*f.*)" を交わすのがパリジェンヌ流。フランスは地方によってビズの回数が異なりますが、パリでは左右2回が基本。

Salut ! [サリュ]　よう！　バイバイ！（別れる時も使う）
Coucou ! [ククー]　よう！
Bisou ! [ビズー]　ビズ！（別れにビズをあげるという感じ）
Ciao ! [チャオ]　バイバイ！（イタリア語から）
Bye-bye ! [バイバイ]　バイバイ！（英語から）　Bye ! [バイ] とだけも。
Adieu ! [アデュ]　お別れよ！（永遠の別れを匂わして冗談でも使う）

> 再度会うためのあいさつ

具体的な約束がなくても「また会いたいね」という意味にもなります。

A bientôt ! [ア・ビヤント]　またね！（約束なし）
A très bientôt ! [ア・トレ・ビヤント]　またすぐにね！（約束なし）
A la prochaine fois ! [ア・ラ・プロシェンヌ・フォワ]　また今度ね！（約束なし）
A la prochaine ! [ア・ラ・プロシェンヌ]　また今度ね！（略して）
A tout à l'heure ! [ア・トゥー・タ・ルール]　後でね！（約束あり）
A plus tard ! [ア・プリュ・タール]　後でね！
A plus ! [ア・プリュス]　後でね！（略して）
A demain ! [ア・ドゥマン]　明日ね！（明日会うつもり）

011

## Chapitre 1
# 平日のパリジェンヌ
Les Parisiennes en semaine.
［レ・パリジェンヌ・アン・スメーヌ］

仕事の後だっていろいろと用事を入れてしまうパリジェンヌは、平日は大忙し。メトロとヴェリブ、そして徒歩で、パリ中を駆け回りましょ。

# Au café
[オ・カフェ]
カフェで

## Je prends un café au comptoir le matin.
[ジュ・プラン・アン・カフェ・オ・コントワール・ル・マタン]
朝、カウンターでエスプレッソ1杯を飲むの。

## Ça me réveille bien.
[サ・ム・レヴェイユ・ビヤン]
よく目が覚めるのよ。

## Voilà la journée commence.
[ヴォワラ・ラ・ジュルネ・コマンス]
さあ、1日がはじまるわ。

---

朝から晩まで1日中開いていて、いろんな場面で使えるカフェは、パリジェンヌにとってなくてはならないもの。カウンターで、テーブルで、テラスで、さまざまな使い方を楽しみましょう。でも一番人気は日光浴ができるテラス席です！

平日のパリジェンヌ／カフェで

> 基本の会話

# Bonjour monsieur.
［ボンジュール・ムスィユー］
おはようございます。

# Un café, s'il vous plaît.
［アン・カフェ、シル・ヴ・プレ］
エスプレッソ1杯ください。

# Voilà mademoiselle.
［ヴォワラ・マドモワゼル］
どうぞ。（コーヒーを出す）

# Merci.
［メルスィ］
ありがとう。

# L'addition, s'il vous plaît.
［ラディスィヨン、シル・ヴ・プレ］
お勘定、お願いします。

# Au revoir.
［オーヴォワール］
さようなら。

> 覚えておきたい基本単語

## 【 café [カフェ] (m.) カフェ 】

"café"には店舗のカフェと、コーヒーという2つの意味が。場所を意味する場合には、「~に、~で」という意味の前置詞 "à" を前につけます。男性名詞の定冠詞 "le" と合わさって "au" になることにご注意!

### Je vais au café.
[ジュ・ヴェ・オ・カフェ]
カフェに行くわ。

### Je t'attends au café.
[ジュ・タタン・オ・カフェ]
カフェで待っているね。

## 【 un café [アン・カフェ] コーヒー1杯 】

カフェで "un café" と言えば、エスプレッソコーヒーのこと。男性名詞の不定冠詞 "un" は「1杯」という量も表します。2杯なら "deux cafés [ドゥー・カフェ]"。アメリカンコーヒーは "un café allongé [アン・カフェ・アロンジェ]"、カフェオレは "un café crème [アン・カフェ・クレム]" です。

### Je voudrais un café.
[ジュ・ヴドレ・アン・カフェ]
コーヒー1杯が欲しいのですが。

## 【 s'il vous plaît [シル・ヴ・プレ] ~ください 】

欲しい物の単語の後ろにつければ、何でも注文できる一言。物を頼む時以外に、何かをお願いしたい時にも使えます。

### Un café crème et un pain au chocolat, s'il vous plaît.
[アン・カフェ・クレム・エ・アン・パン・オ・ショコラ、シル・ヴ・プレ]
カフェオレ1杯とパン・オ・ショコラ1つください。

## 【 garçon [ガルソン]（*m.*）　ギャルソン 】

パリのカフェに欠かせないウエイター"serveur [セルヴール]（*m.*）"。女性ならば"serveuse [セルヴーズ]（*f.*）"、オーナーは"patron [パトロン]"、"patronne [パトロンヌ]"と言います。呼ぶ時は、男性ならば"monsieur [ムシュー]"、年配の女性ならば"madame [マダム]"、若い女性ならば"mademoiselle [マドモワゼル]"が一般的。

### Monsieur, s'il vous plaît !
[ムスィユー、シル・ヴ・プレ]
お願いします！

## 【 l'addition [ラディスィヨン]（*f.*）　勘定 】

カフェ以外に、レストランでも使えるのが、"l'addition"。カフェではお勘定を頼まなくてもレシートを持って来てくれるのが基本。席で払うのが一般的なので、ギャルソンが伝票を持って来るのを席で待ち、代金を払ったらお釣りも席で待ちましょう。

### Je voudrais demander l'addition.
[ジュ・ヴドレ・ドゥマンデ・ラディスィヨン]
お勘定をお願いしたいのですが。

### Apportez-moi l'addition.
[アポルテ・モワ・ラディスィヨン]
お勘定書きを持って来てください。

### J'ai pas encore reçu la monnaie.
[ジェ・パ・ザンコール・ルスュ・ラ・モネ]
まだおつりをもらっていません。

> パリジェンヌ流会話

### Bonjour, Pierre.
[ボンジュール、ピエール]
おはよう、ピエール。

### Tu prends comme d'habitude ?
[テュ・プラン・コム・ダビテュード]
いつも通りのにする?

### Oui, je prends un café avec un croissant, s'il te plaît.
[ウィ、ジュ・プラン・アン・カフェ・アヴェカン・クロワサン、シル・トゥ・プレ]
ええ、エスプレッソ1杯にクロワッサン1つをお願い。

### Tu peux me l'apporter sur la terrasse ?
[テュ・プ・ム・ラポルテ・スュル・ラ・テラス]
テラスに持って来てくれる?

### D'accord, tout de suite.
[ダコール、トゥー・ドゥ・スュイット]
了解、すぐにね。

### Quel magnifique soleil, aujourd'hui !
[ケル・マニフィック・ソレイユ、オージュールデュイ]
なんてすばらしい太陽だろうね、今日は!

### Ça fait du bien sur la terrasse !
[サ・フェ・デュ・ビヤン・スュル・ラ・テラス]
テラスは気持ちがいいわ!

### Bon, j'y vais. A demain !
[ボン、ジ・ヴェ。ア・ドゥマン]
よし、行くね。また明日!

### Bonne journée !
[ボンヌ・ジュルネ]
よい1日を!

## 【 bonjour [ボンジュール] おはよう 】
パリジェンヌには大抵、自宅のそばに馴染みのカフェがあるもの。知り合いのギャルソンで名前を知っている仲ならば、名前をつけてあいさつします。常連客は"habitué(e)[アビテュエ]"、近所のカフェは"café du coin [カフェ・デュ・コワン](m.)"。「いつも通りの！」で注文ができるならば、完全に常連客です。

## 【 prendre [プラーンドル] もらう 】
「〜をもらいます」と注文をする時に使いますが、「飲む、取る」という意味もあり、幅広く使える動詞です。

### Je prends un café.
[ジュ・プラン・アン・カフェ]
エスプレッソ1杯をもらいます。

### Je prends du café.
[ジュ・プラン・デュ・カフェ]
コーヒーを飲むわ。

## 【 petit-déjeuner [プティ・デジュネ](m.) 朝食 】
カフェでは朝食メニューがあるところもあり、大抵、温かい飲み物"boisson chaude [ボワソン・ショード](f.)"、オレンジジュース"jus d'orange [ジュ・ドランジュ](m.)"、厚さを半分に切ったバゲット"baguette [バゲット](f.)"にバター"beurre [ブール](m.)"とジャム"confiture [コンフィチュール](f.)"を塗ったタルティーヌ"tartine [タルティーヌ](f.)"のセット。カウンターで、置いてあるクロワッサン"croissant [クロワサン](m.)"やパン・オ・ショコラ"pain au chocolat [パン・オ・ショコラ](m.)"を取った場合は、自己申告してね。

### Je prends un petit-déjeuner avec un café crème.
[ジュ・プラン・アン・プティ・デジュネ・アヴェカン・カフェ・クレム]
カフェオレとともに朝食セットをもらいます。

【 s'il te plaît [シル・トゥ・プレ]　お願いね 】
見知らぬ人や、目上の人に使う丁寧な表現の主語人称代名詞 "vous [ヴ] (あなたは)" を "tu [チュ] (君は)" に変えると、親しい知り合いや友達に使うざっくばらんな表現になります。補語人称代名詞も同様に "s'il vous plaît [シル・ヴ・プレ]" を "s'il te plaît [シル・トゥ・プレ]" にすると親しい間柄で使うことができます。馴染みのギャルソンや友達にお願いしてみましょう。

## Fais du café, s'il te plaît.
[フェ・デュ・カフェ、シル・トゥ・プレ]
コーヒーを淹れてくれる、お願いね。

【 terrasse [テラス] (f.)　テラス席 】
カウンターは "comptoir [コントワール] (m.)"、テーブル席は "salle [サル] (f.)" で、場所によって使う前置詞が異なることに注意。カフェでの飲み物の値段も場所によって異なり、カウンターがもっとも安く、テラス席がもっとも高くなります。急いでいるときは、カウンターで頼んでさっと立ち去るのが、パリジェンヌ風。

## Je commande un verre de vin au comptoir.
[ジュ・コマンド・アン・ヴェル・ドゥ・ヴァン・オ・コントワール]
カウンターでグラスワイン1杯を頼むの。

## Je mange une salade dans la salle.
[ジュ・マンジュ・ユヌ・サラド・ダン・ラ・サル]
テーブル席でサラダを食べるわ。

## Je me repose sur la terrasse.
[ジュ・ム・ルポーズ・スュル・ラ・テラス]
テラス席で休憩するの。

【 tout de suite [トゥー・ドゥ・スュイット]　すぐに 】
注文したり、お勘定を頼むと、ギャルソンが言う決まり文句のひとつ。「J' arrive ! [ジャリーヴ] (すぐに行きます!)」もよく使うけれど、本当にすぐに来てくれるかは状況次第です。

# Au métro
[オ・メトロ]

地下鉄で

## Je prends le métro pour aller au bureau.
[ジュ・プラン・ル・メトロ・プール・アレ・オ・ビュロー]

会社に行くために地下鉄に乗るわ。

## C'est très pratique pour se déplacer dans Paris.
[セ・トレ・プラティック・プール・ス・デプラセ・ダン・パリ]

パリ内を動き回るのにとても便利よ。

## Allons au boulot !
[アロン・オ・ブロ]

仕事に行きましょう！

---

パリジェンヌの足と言えば、パリ内を縦横無尽に走る地下鉄。時間帯や路線によってラッシュもあるし、その上ストライキや故障があるともう大変！ でもその便利さに、みんな文句を言いつつも、愛着を持っているのです。

## 基本の会話

### Bonjour madame.
［ボンジュール・マダム］
おはようございます。

### Un carnet, s'il vous plaît.
［アン・カルネ、シル・ヴ・プレ］
回数券をひと綴りください。

### Quelle ligne dois-je prendre pour aller à Opéra ?
［ケル・リーニュ・ドワ・ジュ・プラーンドル・プール・アレ・ア・オペラ］
オペラに行くには何号線に乗ったらいいですか？

### Prenez la ligne 1 en direction de La Défense.
［プルネ・ラ・リーニュ・アン・アン・ディレクスィヨン・ドゥ・ラ・デファンス］
デファンス方向の1号線にお乗りなさい。

### Ensuite changez pour la ligne 8 à Concorde.
［アンスュイット・シャンジェ・プール・ラ・リーニュ・ユイット・ア・コンコルド］
それからコンコルドで8号線に乗り換えてください。

### D'accord. Merci madame.
［ダコール。メルスィ・マダム］
分かりました。ありがとうございます。

**覚えておきたい基本単語**

## 【 métro [メトロ] (m.)　地下鉄 】
パリ内を移動するには、パリの郊外まで延びる郊外高速線 "RER [エル・ウー・エル] (m.)" やバス "bus [ビュス] (m.)"、トラム "tram [トラム] (m.)" も便利です。

### Je vais en métro.
[ジュ・ヴェ・アン・メトロ]
地下鉄で行くわ。


## 【 un ticket [アン・ティケ]　切符1枚 】
地下鉄やバスの切符は共通で "ticket"。10枚綴りの回数券は "un carnet [アン・カルネ]" と言います。ワンタッチで改札に入れる定期券 "passe Navigo [パス・ナヴィゴ] (m.)" はパリジェンヌたちの必需品。

### Je recharge un passe Navigo.
[ジュ・ルシャルジュ・アン・パス・ナヴィゴ]
パス・ナヴィゴをチャージするわ。


## 【 station de métro [スタスィヨン・ドゥ・メトロ] (f.)　地下鉄の駅 】
地方へ行く国鉄 "SNCF [エス・エヌ・セー・エフ] (f.)" の駅は、"gare [ガール] (f.)" と呼び方が異なることに注意。

### Où est la station de métro Saint-Paul ?
[ウ・エ・ラ・スタスィヨン・ドゥ・メトロ・サン・ポール]
サン・ポールの地下鉄の駅はどこですか？

### On se voit à la gare Saint-Lazare.
[オン・ス・ヴォワ・ア・ラ・ガール・サン・ラザール]
サン・ラザールの駅で会いましょう。

平日のパリジェンヌ／地下鉄で

## 【 ligne du métro [リーニュ・デュ・メトロ] (f.) 路線 】
パリの地下鉄は14号線まであります。言い方は "la ligne 1 [ラ・リーニュ・アン] (1号線)"、"la ligne 2 [ラ・リーニュ・ドゥー] (2号線)"、"la ligne 3 [ラ・リーニュ・トロワ] (3号線)"……。

### Je prends la ligne 9 pour aller chez mes parents.
[ジュ・プラン・ラ・リーニュ・ヌフ・プール・アレ・シェ・メ・パラン]
実家に行くために9号線に乗るわ。


## 【 direction [ディレクスィヨン] (f.) 方向 】
電車に乗るには路線番号と電車が向かう方向を路線地図 "plan du métro [プラン・デュ・メトロ] (m.)" で確かめることが大切。乗り換え "correspondance [コレスポンダンス] (f.)" は、乗り換え駅で電車を降りたら、乗り換える路線番号と方向が書かれた標識を辿ってね。

### Je change pour la ligne 4 en direction de Porte de Clignancourt.
[ジュ・シャンジュ・プール・ラ・リーニュ・カトル・アン・ディレクスィヨン・ドゥ・ポルト・ドゥ・クリニャンクール]
ポルト・ドゥ・クリニャンクール方向の4号線に乗り換えるの。


## 【 sortie [ソルティ] (f.) 出口 】
目的の駅で電車を降りたら、"sortie" の標識を辿って外に出ましょう。出るときは改札を通らず、自動扉もしくは手動扉から外に出るだけです。動詞「出る」は "sortir [ソルティル]"。

### Je sors du métro.
[ジュ・ソール・デュ・メトロ]
地下鉄から出るわ。

### Où est la sortie ?
[ウ・エ・ラ・ソルティ]
出口はどこですか？

025

## パリジェンヌ流会話

### Tiens, c'est ma voisine.
[ティヤン、セ・マ・ヴォワズィーヌ]
あら、お隣さんだわ。

### Salut, tu vas bien ?
[サリュ、テュ・ヴァ・ビヤン]
よっ、調子はいい?

### J'attends le train déjà depuis un quart d'heure à cause de la panne technique !
[ジャタン・ル・トラン・デジャ・デュピュイ・アン・カール・ドゥール・ア・コーズ・ドゥ・ラ・パンヌ・テクニック]
技術故障が原因で、すでに15分も電車を待っているのよ!

### Mince ! On prend un bus ou un taxi ?
[マンス。オン・プラン・アン・ビュス・ウ・アン・タクスィー]
ええっ! バスかタクシーに乗る?

### Attends, il y a encore une annonce.
[アタン、イリヤ・アンコール・ユン・ナノンス]
待って、再度アナウンスよ。

### Enfin le train entre en quai.
[アンファン・ル・トラン・オントル・アン・ケ]
ようやく、電車がホームに入ってくるわ。

### Montons dans le train.
[モントン・ダン・ル・トラン]
電車に乗り込もう。

### Tu descends où ?
[テュ・デサン・ウ]
どこで降りるの?

### Je descends à Miromesnil.
[ジュ・デサン・ア・ミロメニル]
ミロメニル駅で降りるわ。

平日のパリジェンヌ／地下鉄で

## 【 quai [ケ] (m.) プラットホーム 】

パリの地下鉄のホームには時刻表はなく、電子案内板で次の電車と、次の次の電車が何分後に来るのかが表示されています。「ホームで」と言うには、「〜の上に」という意味の前置詞 "sur [スュル]" を使うことに要注意。

### J'attends le train sur le quai.
[ジャタン・ル・トラン・スュル・ル・ケ]
ホームで電車を待つわ。

## 【 annonce [アノンス] (f.) アナウンス 】

「スリに気を付けて」というアナウンスが各国語で流れている駅もありますが、ホームに電車が入ってくる時でも、通常は何のアナウンスもないのがパリの地下鉄。何か問題があった時にだけ、アナウンスが入ります。動詞形 "annoncer [アノンセ]" は「アナウンスする」。

### Votre attention, s'il vous plaît.
[ヴォトル・アタンスィヨン、シル・ヴ・プレ]
お知らせします。

### Le pickpocket est peut-être present à bord du train.
[ル・ピックポケット・エ・プテトル・プレザン・ア・ボール・デュ・トラン]
スリが電車内にいるかもしれません。

## 【 panne [パンヌ] (f.) 故障 】

地下鉄よりも故障が多いのがRER。"Voyageur sur la voie [ヴォワヤジュール・スュル・ラ・ヴォワ] (乗客の線路内立ち入り)" や "Accident grave d'un voyageur [アクスィダン・グラーヴ・ダン・ヴォワヤジュール] (飛び込み自殺の意)" の場合もあります。フランスではストライキ "grève [グレーヴ] (f.)" が恒例で、電車の運行本数が少なくなる期間があるので、お出かけの際はご確認を。

### Il y a une grève demain.
[イリヤ・ユンヌ・グレーヴ・ドゥマン]
明日、ストライキがあります。

平日のパリジェンヌ／地下鉄で

## 【 train [トラン] (*m.*)　電車 】
自動ドアの最新式電車が増えてきていますが、パリの地下鉄の電車の多くが手動ドア。取っ手を持ち上げたり、ボタンを押して自分で扉を開けます。発車の合図とともに閉まるのは自動ですので、気を付けて。

### J'ai attrapé le train.
[ジェ・アトラペ・ル・トラン]
電車に間に合ったわ。

### J'ai raté le train.
[ジェ・ラテ・ル・トラン]
電車に乗り遅れたわ。

## 【 un quart d'heure [アン・カール・ドゥール]　15分 】
"quart [カール]"とは「4分の1」という意味で、「1時間の4分の1(15分)」ということです。「30分」も同様に "une demi-heure [ユンヌ・ドゥミ・ウール](半時間)" という言い方が一般的。「45分」は "trois quart d'heure [トロワ・カール・ドゥール](1時間の4分の3)" となると、ややこしすぎますが、パリジェンヌたちは普通に使っています。

### Je reviens dans une demi-heure.
[ジュ・ルヴィヤン・ダン・ズュンヌ・ドゥミ・ウール]
30分後に戻るね。

## 【 monter [モンテ]　乗る 】
実際に「乗り込む」という時に使う動詞で、「上る」という意味もあります。「電車に」は、前置詞 "dans [ダン] (〜の中に)" を使って、"dans le train [ダン・ル・トラン]" となります。逆に「降りる」は "descendre [デサーンドル]"。

### Je descends !
[ジュ・デサン]
降ります！（混雑時に道を空けてもらう、または扉を開けてもらう時に言う）

029

## 近況を聞くパリジェンヌ

### Les Parisiennes qui demandent des nouvelles.
[レ・パリジェンヌ・キ・ドゥマンド・デ・ヌーヴェル]

会ってあいさつを交わしたら、
次に続くのは「元気？」の決まり文句です。
そんなに親しくなくとも、
話の発端として聞いてみてはいかがでしょう？

### 調子を聞く

基本的に動詞 "aller [アレ]" を使います。「調子がいい」という意味の動詞 "marcher [マルシェ]"、"rouler [ロレ]" を使うことも。主語人称代名詞 "vous [ヴ]（あなたは）" を使えば丁寧な言い方に、"tu [テュ]（君は）" を使えば軽い言い方になります。

Ça va ? [サ・ヴァ] 元気？

Comment ça va ? [コマン・サ・ヴァ] 元気？

Comment allez-vous ? [コマン・タレ・ヴ] お元気ですか？

Comment vas-tu ? [コマン・ヴァ・テュ] 元気？

Vous allez bien ? [ヴザレ・ビヤン] 調子はいいですか？

Tu vas bien ? [テュ・ヴァ・ビヤン] 調子はいい？

Ça va bien ? [サ・ヴァ・ビヤン] 調子はいい？

Ça marche ? [サ・マルシュ] うまく行っている？

Ça roule ? [サ・ルール] うまく行っている？

> 返事をする

大抵はあいさつとして「元気？」と聞くので、正確に答える必要はないのですが、友達ならば長話のきっかけにもなることも。

Ça va bien. [サ・ヴァ・ビヤン]　元気よ。

Je vais bien. [ジュ・ヴェ・ビヤン]　元気よ。

Ça marche pas mal. [サ・マルシュ・パ・マル]　悪くないわ。

Ça roule très bien. [サ・ルール・トレ・ビヤン]　とてもうまく行っているわ。

下記は「悪い〜よい」の段階ごとの言い方で、上記のフレーズ内を変えて言ったり、この一言で返事をすることもできます。

Très mal. [トレ・マル]　とても悪いわ。

Mal. [マル]　悪いわ。

Pas bien. [パ・ビヤン]　よくないわ。

Moyen. [モワイヤン]　まあまあ。

Comme ci, comme ça. [コム・スィ、コム・サ]　まあまあよ。

Pas mal. [パ・マル]　悪くないわ。

Bien. [ビヤン]　いいわ。

Très bien. [トレ・ビヤン]　とてもいいわ。

Impeccable. [アンペカーブル]　申し分ないわ。

# Au déjeuner
[オ・デジュネ]

昼食で

### C'est l'heure de déjeuner.
[セ・ルール・ドゥ・デジュネ]

昼食の時間だわ。

### Mais je n'ai pas beaucoup de temps.
[メ・ジュ・ネ・パ・ボークー・ドゥ・タン]

でもあまり時間はない。

### Je mange souvent sur le pouce.
[ジュ・マンジュ・スーヴァン・スュル・ル・プース]

だいたい簡単に済ませるのよ。

---

平日の昼食を急いで食べるのは、都会に生きるパリジェンヌたちも同様。でもパリには、サンドイッチのみならず、多国籍な軽食が増えつつあるのです。お持ち帰りして公園やセーヌ河岸で食べるのもオツなもの。

> 基本の会話

# Au suivant !
[オ・スユイヴァン]
次の方！

# Je voudrais une formule à 8 euros 50.
[ジュ・ヴドレ・ユンヌ・フォルミュル・ア・ユイッテューロ・サンカーント]
8ユーロ50サンチームのセットが欲しいのですが。

# Je prends un sandwich au poulet crudités et un gâteau au chocolat.
[ジュ・プラン・アン・サンドウィッチ・オ・プーレ・クリュディテ・エ・アン・ガトー・オ・ショコラ]
鶏肉と生野菜のサンドイッチ1つとチョコレートケーキ1つをもらいます。

# Quelle boisson voulez-vous ?
[ケル・ボワソン・ヴレ・ヴ]
飲み物は何にしますか？

# Une bouteille d'eau, s'il vous plaît.
[ユンヌ・ブテイユ・ドー、シル・ヴ・プレ]
水のボトルを1本ください。

# A emporter ou sur place ?
[ア・アンポルテ・ウ・スュル・プラス]
持ち帰りですか、店内ですか？

# A emporter, s'il vous plaît.
[ア・アンポルテ、シル・ヴ・プレ]
持ち帰りでお願いします。

033

> 覚えておきたい基本単語

## 【 déjeuner [デジュネ] (*m.*)　昼食 】

もちろんフランスにも"ビジネスランチ(déjeuner d'affaires [デジュネ・ダフェール])"があります。動詞形"déjeuner [デジュネ]"の場合は「朝食を取る」という意味でも使えることに注意。

### Je prends le déjeuner avec mon patron.
[ジュ・プラン・ル・デジュネ・アヴェック・モン・パトロン]
ボスと昼食を取るわ。

### Je déjeune au café.
[ジュ・デジュヌ・オ・カフェ]
カフェで朝食を取るの。

## 【 boulangerie [ブーランジュリー] (*f.*)　パン屋さん 】

パリでサンドイッチを買うとしたら、大抵はパン屋さん。またはチェーンのファーストフード"restauration rapide [レストラスィヨン・ラピッド] (*f.*)"もいろいろとあります。

### J'achète un sandwich à la boulangerie.
[ジャシェット・アン・サンドウィッチ・ア・ラ・ブーランジュリー]
パン屋さんでサンドイッチを買うわ。

## 【 un sandwich [アン・サンドウィッチ]　サンドイッチ一つ 】

フランスの軽食と言えば、バゲット"baguette [バゲット] (*f.*)"に具を挟んだバゲットサンドがお決まり。中の具は"au poulet [オ・プーレ] (鶏肉入り)"、"au jambon beurre [オ・ジャンボン・ブール] (ハムとバター入り)"、"au thon [オ・トン] (ツナ入り)"などが定番。

平日のパリジェンヌ／昼食で

## 【 formule [フォルミュル] (f.) セット 】
大抵、サンドイッチに飲み物"boisson[ボワソン](f.)"やデザート"dessert[デセール](m.)"がついているのが一般的。また、サラダ"salade[サラド](f.)"やスープ"soupe[スープ](f.)"があるところも。値段は前置詞"à"とともに表記されています。

### Une formule à 6 euros 80, s'il vous plaît.
[ユンヌ・フォルミュル・ア・スィズューロ・カトル・ヴァン、シル・ヴ・プレ]
6ユーロ80サンチームのセットを1つください。

### Quels desserts puis-je choisir ?
[ケル・デセール・ピュイ・ジュ・ショワズィール]
どのデザートを選べるのですか？

## 【 emporter [アンポルテ] 持ち帰る 】
飲食スペースがあって、持ち帰りもできる店では、店内"sur place [スュル・プラス]"で食べるのか、聞かれることがあります。

### Je mange sur place.
[ジュ・マンジュ・スュル・プラス]
店内で食べます。

### Puis-je emporter cette formule ?
[ピュイ・ジュ・アンポルテ・セット・フォルミュル]
そのセットを持ち帰ることはできますか？

> パリジェンヌ流会話

# Je vais demander à ma collègue.
[ジュ・ヴェ・ドゥマンデ・ア・マ・コレグ]
同僚に聞いてみよう。

# Tu déjeunes avec moi ?
[テュ・デジュヌ・アヴェク・モワ]
私と一緒に昼食を食べる?

# D'accord, on y va.
[ダコール、オニ・ヴァ]
いいよ、行こう。

# Qu'est-ce qu'on mange, on va à notre cantine ?
[ケ・ス・コン・マンジュ、オン・ヴァ・ア・ノトル・カンティーヌ]
何食べる、私たちの食堂に行く?

# Non, je vais au resto ce soir, je préfère un casse-croûte.
[ノン、ジュ・ヴェ・オ・レスト・ス・ソワール、ジュ・プレフェル・アン・カス・クルート]
ううん、今晩レストランに行くから、軽食がいいな。

# Tu connais un nouveau resto japonais en face de la pharmacie ?
[テュ・コネ・アン・ヌーヴォー・レスト・ジャポネ・アン・ファス・ドゥ・ラ・ファルマスィ]
薬局の前の新しい日本食レストランを知っている?

# On peut emporter un bento végétarien.
[オン・プ・アンポルテ・アン・ベント・ヴェジェタリヤン]
ベジタリアンの弁当を持ち帰りできるのよ。

# Bien, on l'essaie !
[ビヤン、オン・レセ]
よし、試してみよう!

# Qu'est-ce que tu as choisi ?
[ケ・ス・ク・テュ・ア・ショワズィ]
何を選んだ?

RESTAURANT

RUE
DES
PETITS CHAMPS

## 【 manger [マンジェ]　食べる 】
飲むは"boire [ボワール]"。どちらも日常でよく使う単語です。

### Je mange un sandwich au déjeuner.
[ジュ・マンジュ・アン・サンドウィッチ・オ・デジュネ]
昼食にサンドイッチを食べるわ。

## 【 cantine [カンティーヌ]（f.）　食堂 】
「社員食堂」や「学生食堂」のことですが、行きつけのお店を愛情込めて「私たちの食堂」と呼んだりもします。

### Il y a une cantine dans mon entreprise.
[イリヤ・ユンヌ・カンティーヌ・ダン・モン・ナントルプリーズ]
会社に食堂があるのよ。

## 【 préférer [プレフェレ]　好む 】
「〜の方がいい」と言う言い方です。"préférer A à B"で「BよりAの方を好む」と言うこともできます。

### Je préfère un casse-croûte au resto.
[ジュ・プレフェル・アン・カス・クルート・オ・レスト]
レストランよりも軽食の方がいいな。

## 【 casse-croûte [カス・クルート]（m.）　軽食、サンドイッチ 】
動詞形にすると"casser la croûte [カセ・ラ・クルート]（軽食を取る）"。"manger sur le pouce [マンジェ・スュル・ル・ブース]"も同じことです。

### J'ai cassé la croûte à 1h.
[ジェ・カセ・ラ・クルート・ア・ユンヌール]
1時に軽く食べたわ。

## 【 restaurant japonais [レストラン・ジャポネ] (*m.*)　日本食レストラン 】

他にもさまざまな国のレストランがパリにはあります。各国からの移民が手掛けるため、どこも本格的な味わい。話し言葉では"restaurant"を略して"resto [レスト]"と言います。

restaurant chinois [レストラン・シノワ]　中華料理レストラン
restaurant vietnamien [レストラン・ヴィエトナミヤン]　ヴェトナム料理レストラン
restaurant thaïlandais [レストラン・タイランデ]　タイ料理レストラン
restaurant indien [レストラン・アンディヤン]　インド料理レストラン
restaurant libanais [レストラン・リバネ]　レバノン料理レストラン
restaurant marocain [レストラン・マロカン]　モロッコ料理レストラン
restaurant italien [レストラン・イタリヤン]　イタリア料理レストラン
restaurant espagnol [レストラン・エスパニョル]　スペイン料理レストラン

### Je voudrais aller au restaurant marocain.
[ジュ・ヴドレ・アレ・オ・レストラン・マロカン]
モロッコ料理レストランに行きたいわ。

## 【 bento [ベントー] (*m.*)　弁当 】

日本食ブームですっかりパリの持ち帰りメニューになった、日本の弁当。他にも日本食でお馴染みと言えば、寿司"sushi [ススィ] (*m.*)"、のり巻き"maki [マキ] (*m.*)"、刺身"sashimi [サシミ] (*m.*)"、日本酒"saké [サケ] (*m.*)"。

### J'ai mangé des sushis au restaurant japonais hier.
[ジェ・マンジェ・デ・ススィ・オ・レストラン・ジャポネ・イエール]
昨日、日本食レストランで寿司を食べたわ。

### J'adore le saké.
[ジャドール・ル・サケ]
日本酒が大好きよ。

# Au rendez-vous

[オ・ランデヴー]

約束で

## Je suis très chargée en semaine.
[ジュ・スュイ・トレ・シャルジェ・アン・スメーヌ]
平日はとても多忙なの。

## J'ai plein de rendez-vous sur mon agenda !
[ジェ・プラン・ドゥ・ランデヴー・スュル・モン・ナジャンダ]
手帳には約束がいっぱいよ！

## Que dois-je faire cet après-midi ?
[ク・ドワ・ジュ・フェール・セ・タプレ・ミディ]
午後は何をすべきなんだっけ？

アクティブなパリジェンヌたちは、約束をいっぱい入れるのがお好き。時にはダブルブッキングで大慌てなんて姿を見ることも。相手が誰であろうと、約束をしたらちゃんとメモをして忘れないようにしてくださいね！

> 基本の会話

> レストランに予約する

# Je voudrais réserver une table pour ce soir.
[ジュ・ヴドレ・レゼルヴェ・ユンヌ・ターブル・プール・ス・ソワール]
今晩用にテーブルを予約したいのですが。

# Combien de personnes ?
[コンビヤン・ドゥ・ペルソンヌ]
何名様ですか？

# Quatre personnes, s'il vous plaît.
[カトル・ペルソンヌ、シル・ヴ・プレ]
4人お願いします。

# A quelle heure ?
[ア・ケルゥール]
何時にですか？

# A 8h, s'il vous plaît.
[ア・ユイットゥール、シル・ヴ・プレ]
8時にお願いします。

# Votre nom, s'il vous plaît.
[ヴォトル・ノム、シル・ヴ・プレ]
お名前をお願いします。

# Mademoiselle Dubois.
[マドモワゼル・デュボワ]
デュボワです。

# Entendu, à ce soir 8h.
[アンタンデュ、ア・ス・ソワール・ユイットゥール]
了解しました、では今晩8時に。

🔴 **医者に予約を取る**

## Je voudrais prendre un rendez-vous avec Docteur Cluzet.
[ジュ・ヴドレ・プランドル・アン・ランデヴー・アヴェク・ドクトゥール・クリュゼ]
クリュゼ医師に予約を取りたいのですが。

## Je peux le jeudi 21 mars à 14h.
[ジュ・プ・ル・ジュディ・ヴァンテアン・マルス・ア・カトルズゥール]
3月21日木曜日の14時に予約ができます。

## Je préfère à 18h.
[ジュ・プレフェール・ア・ディズュイットゥール]
18時がいいのですが。

## Il n'y a plus de place ce jour.
[イル・ニヤ・プリュ・ドゥ・プラス・ス・ジュール]
その日はもう空きがありません。

## Sinon, ce sera dans un mois.
[スィノン・ス・スラ・ダン・ザン・モワ]
さもなければ、1カ月後になるでしょう。

## Tant pis, je viens le 21 mars à 14h.
[タン・ピ、ジュ・ヴィヤン・ル・ヴァンテアン・マルス・ア・カトルズゥール]
仕方がありません、3月21日の14時に伺います。

平日のパリジェンヌ／約束で

🏷️ **覚えておきたい基本単語**

## 【 rendez-vous [ランデヴー] (m.) 約束 】

「約束を取る」は "prendre un rendez-vous [プラーンドル・アン・ランデヴー]"、「約束を与える」は "donner un rendez-vous [ドネ・アン・ランデヴー]" で異なる動詞を取ることに注意。

### Je prends un rendez-vous chez le dentiste.
[ジュ・プラン・アン・ランデヴー・シェ・ル・ダンティスト]
歯医者に予約を取るわ。

### Il m'a donné un rendez-vous à 15h.
[イル・マ・ドネ・アン・ランデヴー・ア・カーンズゥール]
彼は15時の予約をくれたわ。

### J'ai un rendez-vous avec ma copine.
[ジェ・アン・ランデヴー・アヴェク・マ・コピーヌ]
女友達と約束があるの。


## 【 ce soir [ス・ソワール] 今晩 】
間近な日は日付で言わずにこんな言い方もできます。

aujourd'hui [オージュールドュイ]　今日

ce matin [ス・マタン]　今朝

ce midi [ス・ミディ]　この正午

cet après-midi [セ・タプレ・ミディ]　この午後

demain [ドゥマン]　明日

demain matin [ドゥマン・マタン]　明朝

demain midi [ドゥマン・ミディ]　明日の正午

demain après-midi [ドゥマン・アプレ・ミディ]　明日の午後

demain soir [ドゥマン・ソワール]　明晩

la semaine prochaine [ラ・スメーヌ・プロシェンヌ]　来週

mardi prochain [マルディ・プロシャン]　次の火曜日

## 【 heure [ウール] (f.) 時刻 】

フランスでの時刻の言い方は、"数詞＋heure(s)"。数詞は12時制、24時制どちらでも言うことができます。例外は正午"midi[ミディ](m.)"と零時"minuit[ミニュイ](m.)"。また分はそのまま数詞で言うか、15分"et quart[エ・カール]"、30分"et demi[エ・ドゥミ]"、45分（15分前）"moins le quart[モワン・ル・カール]"とも言います。「〜時に」は前置詞の"à"をつけます。

### A quelle heure avez-vous ce rendez-vous ?
[ア・ケルゥール・アヴェ・ヴ・ス・ランデヴー]
何時にその約束があるのですか？

### A midi et demi.
[ア・ミディ・エ・ドゥミ]
12時30分です。

### J'ai un rendez-vous à 12h45.
[ジェ・アン・ランデヴー・ア・ユンヌール・モワン・ル・カール]
12時45分（1時15分前）に約束があるわ。

## 【 date [ダット] (f.) 日付 】

フランスでの日付の言い方は、"le＋曜日、日、月、年"の順で日本語とは逆になります。月の初めは、"le premier mai[ル・プルミエ・メ]（5月1日）"と言うことにも気を付けて。

### A quelle date est notre rendez-vous ?
[ア・ケル・ダット・エ・ノートル・ランデヴー]
私たちの約束は何日ですか？

### Au mercredi 27 octobre.
[オ・メルクルディ・ヴァントセット・オクトーブル]
10月27日水曜日です。

> パリジェンヌ流会話

## Allô, c'est Véronique.
[アロー・セ・ヴェロニック]
もしもし、ヴェロニックよ。

## Je te dérange pas ?
[ジュ・トゥ・デランジュ・パ]
邪魔じゃない?

## Pas du tout. Qu'est-ce qu'il y a ?
[パ・デュ・トゥー。ケ・ス・キリヤ]
ぜんぜん。どうしたの?

## Je t'appelle parce que je dois aller chez le dentiste vendredi à 14h.
[ジュ・タペル・パルス・ク・ジュ・ドワ・アレ・シェ・ル・ダンティスト・ヴァンドルディ・ア・カトルズゥール]
電話したのは、金曜14時に歯医者に行かなくてはいけないからなの。

## Comme on a un rendez-vous à 13h pour le déjeuner,
[コム・オナ・アン・ランデヴー・ア・トレズゥール・プール・ル・デジュネ]
昼食のために13時の約束だから、

## je peux te demander de décaler l'heure ?
[ジュ・プ・トゥ・ドゥマンデ・ドゥ・デカレ・ルール]
時間をずらすことを頼めるかしら?

## Aucun souci. A midi, ça te va ?
[オーカン・スースィ。ア・ミディ、サ・トゥ・ヴァ]
心配ないよ。12時で大丈夫?

## Oui, c'est parfait !
[ウィ、セ・パルフェ]
ええ、完璧よ!

## A vendredi. Bisou !
[ア・ヴァンドルディ。ビズー]
じゃ、金曜日にね。ビズ!

平日のパリジェンヌ／約束で

【 **allô** [アロ]　もしもし 】
相手が誰であろうと、電話で呼びかける決まり文句。"Bonjour." と言っても問題なし。
自分の名前は "C'est ＋名前" で名乗ります。切る時は "Au revoir." ですが、親しい人
ならば "Je t'embrasse. [ジュ・タンブラス] (キスを送るわ)" や "Gros bisou ! [グロ・ビズー]、
Grosse bise ! [グロース・ビズ] (大きなビズを)" などと言って電話を切ります。

### Je voudrais parler avec Madame Simon.
[ジュ・ヴドレ・パルレ・アヴェク・マダム・スィモン]
シモンさんをお願いします。

### Qui est à l'appareil ?
[キ・エ・タ・ラパレイユ]
どちら様ですか？

### C'est de la part de qui ?
[セ・ドゥ・ラ・パール・ドゥ・キ]
どちら様ですか？

### Mademoiselle Joly à l'appareil.
[マドモワゼル・ジョリー・ア・ラパレイユ]
ジョリーと申します。

【 **Je te dérange pas ?** [ジュ・トゥ・デランジュ・パ]　邪魔じゃない？ 】
相手に気を遣う言い方で、電話以外でも何かをやっている相手に話しかけたりする
時にも使えます。

### Je m'excuse de vous déranger.
[ジュ・メクスキューズ・ドゥ・ヴ・デランジェ]
お邪魔して申し訳ありません。

## 【 appeler [アプレ] 電話をする 】

"téléphoner [テレフォネ]" とも言い、「電話」は "téléphone [テレフォーヌ] (m.)"、「携帯電話」は "portable [ポルターブル] (m.)"。携帯でなら、ショートメッセージングサービス "SMS [エス・エム・エス] (m.)"、話し言葉で "texto [テクスト] (m.)" や、マルチメディアサービス "MMS [エム・エム・エス] (m.)" もあり。電子メール "e-mail [イーメイル] (m.)" ももちろん一般的だけれど、何か約束を取ろうと思ったら、電話した方が断然話が早い。

### On s'appelle.
[オン・サペル]
電話し合おうね。

### Envoie-moi un texto.
[アンヴォワ・モワ・アン・テクスト]
ショートメールを送ってね。


## 【 décaler [デカレ] ずらす 】

約束を「確認する」は "confirmer [コンフィルメ]" または "vérifier [ヴェリフィエ]"、「変更する」は "changer [シャンジェ]"、「キャンセルする」は "annuler [アニュレ]"。「約束通りの時間」は "à l'heure [ア・ルール]"、「遅れる」は "en retard [アン・ルタール]"。

### Je voudrais annuler notre rendez-vous.
[ジュ・ヴドレ・アニュレ・ノートル・ランデヴー]
私たちの約束を取り消したいのですが。

### Je suis arrivée à l'heure.
[ジュ・スュイ・ザリヴェ・ア・ルール]
時間通りに着いたわ。

### Je suis en retard d'une demi-heure.
[ジュ・スュイ・アン・ルタール・デュンヌ・ドゥミ・ウール]
30分遅れたわ。

## ひとこと言うパリジェンヌ

**Les Parisiennes qui disent un mot.**
［レ・パリジェンヌ・キ・ディズ・アン・モ］

パリの街で耳を澄ましてみると、
パリジェンヌたちが話す言葉が聞こえてきます。
よく耳に入る、簡単なひとことを集めてみました。

### お礼を言う

覚えておきたい大切なひとこと。カフェのギャルソンから、地下鉄の出口で扉を開けておいてくれた人にまで、ひとことお礼を言いましょう。

Merci !［メルスィ］　ありがとう！
Merci bien !［メルスィ・ビヤン］　どうも！（軽い言い方）
Merci beaucoup !［メルスィ・ボークー］　どうもありがとう！

### お礼に対して

逆にお礼を言われたら、こんな風にスマートに返しましょう。

Je vous en prie.［ジュ・ヴ・ザン・プリ］　どういたしまして。
Pas de quoi.［パ・ドゥ・クワ］　どういたしまして。
De rien.［ドゥ・リヤン］　どういたしまして。

### 謝る言い方

道を通して欲しいときや、ちょっとぶつかってしまった時など、ひとこと言うのが礼儀です。また呼び止める時などにも使えます。

Pardon !［パルドン］　すみません！
Excusez-moi !［エクスキューゼ・モワ］　すみません！
Désolé(e).［デゾレ］　申し訳ない。

### 譲る言い方

逆に道を空けてあげた時や先に通してあげる時などに使いたい言葉です。

Je vous en prie.［ジュ・ヴ・ザン・プリ］　どうぞ。
Après vous.［アプレ・ヴ］　お先にどうぞ。

### 聞き返すひとこと

何か言われて聞き取れなかった時は、聞き返してみましょう。

　　Pardon ? [パルドン]　何ですか？
　　Comment ? [コマン]　何ですか？
　　Quoi ? [クワ]　何？（軽い言い方）

### つい出るひとこと

決してお上品な言葉ではないものも中にはありますが、パリジェンヌたちも日常的に使っています。こんな単語が聞こえてきたら、こんなことを言っているのです。

　　Mince ! [マンス]　げっ！
　　Zut ! [ズュト]　しまった！
　　Bon sang ! [ボン・サン]　くそっ！
　　Bon dieu ! [ボン・ディユー]　くそっ！
　　Hélas ! [エラース]　なんてこった！
　　Merde ! [メルド]　ちくしょう！
　　Putain ! [ピュタン]　くそっ！

　　Bon. [ボン]　よし。
　　Ouf. [ウフ]　やれやれ。
　　Enfin ! [アンファン]　やれやれ！
　　Oh, là, là ! [オ, ラ, ラ]　あらまあ！
　　La vache ! [ラ・ヴァシュ]　すごい！

　　Aïe ! [アイ]　痛い！
　　Hop ! [オプ]　それっ！
　　Youpi ! [ユピ]　やった〜！

# A Vélib'
[ア・ヴェリーブ]
## ヴェリブで

### Je me déplace à Vélib' partout dans Paris.
[ジュ・ム・デプラス・ア・ヴェリーブ・パルトゥー・ダン・パリ]
パリ中をヴェリブで移動するわ。

### Mais il y en a souvent qu'un à la station.
[メ・イリヤナ・スーヴァン・カン・ア・ラ・スタスィヨン]
でも大抵、ステーションに1台しかないの。

### Je cours pour le prendre.
[ジュ・クール・プール・ル・プラーンドル]
それを手に入れるために走るわよ。

今や地下鉄と同様、パリの足として定着したレンタル自転車のヴェリブ。何といってもストライキはないし、終電もないのがうれしいところ。ただし借りたい時に自転車がなく、返したい時に空きスペースがない！なんてことも。

平日のパリジェンヌ／ヴェリヴで

> 覚えておきたい基本単語

## 【 Vélib' [ヴェリーブ] (*m.*) ヴェリブ 】
セルフサービスのレンタル自転車 "Vélo en libre-service [ヴェロ・アン・リーヴル・セルヴィス]" の略語で名づけられたのが、"Vélib'" です。自転車は "bicyclette [ビシィクレット] (*f.*)"、日常的には "vélo [ヴェロ] (*m.*)" で、電動アシスト自転車は "vélo électrique [ヴェロ・エレクトリック]"。

### Je fais du vélo.
[ジュ・フェ・デュ・ヴェロ]
自転車に乗るわ。

## 【 station [スタスィヨン] (*f.*) ステーション 】
ヴェリブが並んでいる場所のこと。中央にある柱 "borne [ボルヌ] (*f.*)" で借りる手続きができます。1日または1週間の短期間ならば、クレジットカード支払いでその場でレンタルも可能。

### Où est la station de Vélib' ?
[ウ・エ・ラ・スタスィヨン・ドゥ・ヴェリーブ]
ヴェリブのステーションはどこですか？

## 【 louer [ルエ] 借りる 】
「レンタル自転車」は "location de vélo [ロカスィヨン・ドゥ・ヴェロ] (*f.*)"。「返す」は "rendre [ランドル]" で、返却したら受領のチケットを受け取っておくことが大事です。

### Je loue un Vélib'.
[ジュ・ルー・アン・ヴェリーブ]
ヴェリブを借りるわ。

### Je rends un Vélib' à la station.
[ジュ・ラン・アン・ヴェリーブ・ア・ラ・スタスィヨン]
ステーションにヴェリブを返すわ。

## パリジェンヌ流会話

### Zut, quelqu'un a pris le dernier vélo avant moi !
[ズット・ケルカン・ア・プリ・ル・デルニエ・ヴェロ・アヴァン・モワ]
げっ、私より先に誰かが最後の自転車を取ったわ！

### Par contre un autre a l'air de rendre un vélo.
[パール・コントル・アン・ノートル・ア・レル・ドゥ・ランドル・アン・ヴェロ]
その代わり、他の人が自転車を返すみたい。

### Excusez-moi, je le loue après vous.
[エクスキューゼ・モワ、ジュ・ル・ルー・アプレ・ヴ]
すみません、あなたの後にそれを借ります。

### Au fait le frein ne marche pas très bien.
[オ・フェ・ル・フラン・ヌ・マルシュ・パ・トレ・ビヤン]
ところでブレーキがあまり調子よくないですよ。

### Mais il roule quand même ?
[メ・イル・ルール・カン・メム]
でも、それでも走るんでしょ？

### Oui, mais il ne faut pas trop accélérer.
[ウィ、メ・イル・ヌ・フォ・パ・トロ・アクセレレ]
ええ、でもあまりスピードを出しちゃいけないよ。

### Comme il n'y a pas d'autre vélo, j'ai pas le choix.
[コム・イル・ニヤ・パ・ドートル・ヴェロ、ジェ・パ・ル・ショワ]
他に自転車がないから、選択の余地がないですね。

### Merci pour votre conseil !
[メルスィ・プール・ヴォトル・コンセイユ]
ご忠告をありがとうございます！

### De rien. Mais faites bien attention.
[ドゥ・リヤン。メ・フェット・ビヤン・アタンスィヨン]
どういたしまして。でも十分に気を付けてくださいよ。

平日のパリジェンヌ、ヴェリサで

## 【 frein [フラン] (m.)　ブレーキ 】

借りる自転車を選ぶ時に、各部分に問題がないかチェックしましょう。サドル"selle [セル] (f.)"が反対を向いているものは、壊れている印。うまく動かない自転車は借りない方が安全です。ペダル"pédale [ペダル] (f.)"、チェーン"chaîne [シェーヌ] (f.)"、車輪"roue [ルー] (f.)"、タイヤ"pneu [プヌー] (m.)"、バスケット"panier [パニエ] (m.)"、ベル"sonnette [ソネット] (f.)"、ハンドル"guidon [ギドン] (m.)"、盗難防止ロック"antivol [アンティヴォル] (m.)"。

### Les pédales ne fonctionnent pas bien.
[レ・ペダル・ヌ・フォンクスィヨンヌ・パ・ビヤン]
ペダルがうまく動かないわ。


## 【 rouler [ロレ]　(車が) 走る 】

「ペダルを踏む」は"pédaler [ペダレ]"。「スピードを出す」は"accélérer [アクセレレ]"、「ブレーキをかける」は"freiner [フレネ]"など、自動車の運転でも共通の単語を使います。

### Je pédale à fond.
[ジュ・ペダル・ア・フォン]
思い切り自転車をこぐの。


## 【 voie [ヴォワ] (f.)　車道 】

パリで自転車は歩道"trottoir [トロトワール] (m.)"を走ってはいけないためご注意を。場所によっては自転車のマークが描かれた専用レーン"piste cyclable [ピスト・スィクラーブル] (f.)"があるため、そちらを利用して。パリは狭い道が多く、さらに路駐車が道を占領しているため、運転には十分気を付けましょう。

### Attention à la voiture !
[アタンスィヨン・ア・ラ・ヴォワテュール]
車に気を付けて！

# フランス語の略語

l'abréviation [ラブレヴィアスィヨン] (f.)

日常会話では、略して言う言葉がいっぱいです。
代表的なものを見てみましょう。

restaurant [レストラン] (m.) レストラン ➡ resto [レスト]
petit-déjeuner [プティ・デジュネ] (m.) 朝食 ➡ petit-déj [プティ・デージュ]
apéritif [アペリティフ] (m.) 食前酒 ➡ apéro [アペロ]
biologique [ビヨロジック] オーガニックの ➡ bio [ビヨ]
écologiste [エコロジスト] エコロジスト ➡ écolo [エコロ]
sympathique [サンパティック] 感じがいい ➡ sympa [サンパ]
matin [マタン] (m.) 朝 ➡ mat [マット] (時刻とともに言う時)
professeur [プロフェスール] 教師 ➡ prof [プロフ]
adolescent(e) [アドレサン(ト)] 青少年 ➡ ado [アド]
intellectuel(le) [アンテレクテュエル] インテリ ➡ intello [アンテロ]
catholique [カトリック] カトリックの ➡ catho [カト]
personnel(le) [ペルソネル] 個人的な ➡ perso [ペルソ]
disponible [ディスポニーブル] 空いている ➡ dispo [ディスポ]
ordinateur [オルディナトゥール] (m.) パソコン ➡ ordi [オルディ]
cinéma [シネマ] (m.) 映画 ➡ ciné [シネ]
exposition [エクスポズィスィヨン] (m.) 展覧会 ➡ expo [エクスポ]
appartement [アパルトマン] (m.) アパルトマン ➡ appart [アパート]
décoration [デコラスィヨン] (f.) 装飾 ➡ déco [デコ]
tradition [トラディスィヨン] (f.) 伝統 ➡ tradi [トラディ]
occasion [オカズィヨン] (m.) 中古 ➡ occase [オカーズ]
récupération [レキュペラスィヨン] (f.) 回収 ➡ récup [レキュップ]
manifestation [マニフェスタスィヨン] (f.) デモ ➡ manif [マニフ]
gymnastique [ジムナスティック] (f.) 体操 ➡ gym [ジム]
périphérique [ペリフェリック] (m.) 環状道路 ➡ périph [ペリフ]

## Au resto
[オ・レスト]
### レストランで

### J'ai réservé dans un restaurant branché.
[ジェ・レゼルヴェ・ダン・ザン・レストラン・ブランシェ]
流行りのレストランに予約をしたの。

### J'attendais depuis un mois !
[ジャタンデ・デュピュイ・アン・モワ]
1カ月前から待っていたのよ!

### J'espère passer une excellente soirée.
[ジェスペール・パセ・ユン・ネクセラント・ソワレ]
すばらしい夜を過ごせればいいな。

---

値段も規模もジャンルも多彩に揃うパリのレストランは、気分によって使い分けたいもの。パリジェンヌのお気に入りは、高級レストランよりもやっぱり手軽な値段で、シェフの一捻りが利いたおいしいビストロ!

平日のパリジェンヌ／レストランで

### 基本の会話

#### 予約がない場合

## Bonsoir. Vous êtes combien ?
[ボンソワール。ヴゼット・コンビヤン]
こんばんは。何名様ですか？

## Deux couverts, s'il vous plaît.
[ドゥー・クヴェール、シル・ヴ・プレ]
2名お願いします。

## L'intérieur ou l'extérieur ?
[ランテリウール・ウ・レクステリウール]
中ですか、外ですか？

## A l'extérieur, s'il vous plaît.
[ア・レクステリウール、シル・ヴ・プレ]
外でお願いします。

#### 予約がある場合

## Avez-vous une réservation ?
[アヴェ・ヴ・ユヌ・レゼルヴァシィヨン]
予約はありますか？

## Oui, j'ai réservé au nom de Mademoiselle Rochet.
[ウィ、ジェ・レゼルヴェ・オ・ノム・ドゥ・マドモワゼル・ロシェ]
ロシェの名前で予約しました。

## C'est pour deux personnes ?
[セ・プール・ドゥー・ペルソンヌ]
2名様ですね？

## Oui, c'est ça.
[ウィ、セ・サ]
はい、そうです。

🏷️ 注文する時

## Vous voulez un apéritif ?
[ヴ・ヴレ・アン・ナペリティフ]
食前酒はいかがですか？

## Non, merci.
[ノン、メルスィ]
いいえ、結構です。

## Avez-vous choisi ?
[アヴェ・ヴ・ショワズィ]
お決まりですか？

## On prend un menu à 23 euros.
[オン・プラン・アン・ムニュ・ア・ヴァントトロワ・ズューロ]
23ユーロのコースをお願いします。

## Voulez-vous boire quelque chose ?
[ヴレ・ヴ・ボワール・ケルク・ショーズ]
何かお飲みになりますか？

## On prend une bouteille de vin rouge.
[オン・プラン・ユンヌ・ブティユ・ドゥ・ヴァン・ルージュ]
赤ワインのボトル1本をもらいます。

## Avec de l'eau minérale, s'il vous plaît.
[アヴェク・ドゥ・ロー・ミネラル、シル・ヴ・プレ]
ミネラルウォーターと一緒にください。

## Plate ou gazeuse ?
[プラット・ウ・ガズゥーズ]
炭酸なしですか、炭酸入りですか？

## Plate, s'il vous plaît.
[プラット、シル・ヴ・プレ]
炭酸なしでお願いします。

060

平日のパリジェンヌ レストランで

🏷️ 覚えておきたい基本単語

## 【 restaurant [レストラン] (*m.*) レストラン 】
話し言葉では"resto [レスト]"と略することが多いです。ビストロ"bistro [ビストロ] (*m.*)"はよりアットホームな雰囲気で気軽に楽しめる店。

## 【 réserver [レゼルヴェ] 予約する 】
「予約」は"réservation [レゼルヴァスィヨン] (*f.*)"。カジュアルなレストランやビストロは予約しなくても入れるところがありますが、人気店などは予約した方が確実です。ただし、パリジェンヌたちが夕食を食べるのは8時以降と遅いため、早すぎると客が誰もいないなんてことに。

### J'ai une réservation pour ce soir.
[ジェ・ユンヌ・レゼルヴァスィヨン・プール・ス・ソワール]
今晩のために予約があります。

## 【 personne [ペルソンヌ] (*f.*) 人 】
予約時や入店時に伝えるのは人数。1人分の食卓セットを意味する"couvert [クヴェール] (*m.*)"で伝えることもあります。

### On est cinq personnes.
[オネ・サンク・ペルソンヌ]
私たちは5人です。

## 【 code vestimentaire [コード・ヴェスティマンテール] (*m.*) ドレスコード 】
英語のまま、"dress code [ドレス・コード] (*m.*)"と言うことも。星付きレストラン"restaurant étoilé [レストラン・エトワレ] (*m.*)"などの高級レストランは、ドレスコードがあるところがあるため、ご注意。一般的なパリジェンヌたちは、そんなに高級なレストランに行くことはほとんどないけれど、シックなレストランに行くときはお洒落をして行くのが当たり前です。

平日のパリジェンヌ／レストランで

### 【 carte [カルト]（f.）　メニュー 】
ウエイターがテーブルにメニューを持って来た時に聞かれるのが、食前酒"apéritif [アペリティフ]（m.）"を飲むかどうか。メニューを見ながら楽しんでもいいし、頼まなくてもOK。

## Je voudrais un apéritif.
[ジュ・ヴドレ・アン・ナペリティフ]
食前酒が欲しいのですが。


### 【 menu [ムニュ]（m.）　コース 】
通常は前菜"entrée[アントレ]（f.）"、メイン"plat[プラ]（m.）"、デザート"dessert[デセール]（m.）"のコースながら、現在は前菜＋メイン、メイン＋デザートを選べることも。レストランによっては、前菜の前に付き出し"amuse-bouche [アミューズ・ブーシュ]（m.）"、肉料理"viande [ヴィヤンド]（f.）"、口直しのシャーベット"granité [グラニテ]（m.）"、魚料理"poisson [ポワソン]（m.）"、チーズ"fromage [フロマージュ]（m.）"まで出てくるコースもあります。

## Je prends un plat et un dessert.
[ジュ・プラン・アン・プラ・エ・アン・デセール]
メインとデザートをもらいます。


### 【 carte des vins [カルト・デ・ヴァン]（f.）　ワインリスト 】
大抵、料理のメニューと別にあるのがワインリスト。赤ワイン"vin rouge [ヴァン・ルージュ]（m.）"、白ワイン"vin blanc [ヴァン・ブラン]"、ロゼワイン"vin rosé [ヴァン・ロゼ]"で分かれているか、産地ごとに分かれています。フランスではワインの他に水を一緒に頼むのが一般的。無料である水道水のカラフ"une carafe d'eau[ユンヌ・カラフ・ドー]"か、ミネラルウォーターのボトル"une bouteille d'eau minérale [ユンヌ・ブティユ・ドー・ミネラル]"を選びましょう。ミネラルウォーターも、炭酸なし"d'eau plate [ドー・プラット]"と炭酸入り"d'eau gazeuse [ドー・ガズゥーズ]"があります。

## La carte des vins, s'il vous plaît.
[ラ・カルト・デ・ヴァン・シル・ヴ・プレ]
ワインリストをください。

### パリジェンヌ流会話

## Voilà, il y a beaucoup de monde dans le resto.
[ヴォワラ、イリヤ・ボークー・ドゥ・モンド・ダン・ル・レスト]
ほらね、レストランの中はいっぱいよ。

## Mais le serveur n'apporte même pas la carte !
[メ・ル・セルヴール・ナポルト・メム・パ・ラ・カルト]
でもウエイターはメニューさえも持ってこない!

## Hé, ho ! On attend toujours !
[エ、オ。オナタン・トゥージュール]
お〜い!ずっと待っているよ!

## Je suis désolé d'être débordé.
[ジュ・スュイ・デゾレ・デトル・デボルデ]
手一杯で申し訳ない。

## C'est complet, en plus il manque une serveuse !
[セ・コンプレ、アン・プリュス・イル・マンク・ユンヌ・セルヴーズ]
満席でその上、ウエイトレスが1人足りないんだ!

## En tout cas, on a une faim de loup !
[アン・トゥー・カ、オナ・ユンヌ・ファム・ドゥ・ルー]
とにかく、私たちは腹ペコよ!

## Tout se passe bien ?
[トゥー・ス・パス・ビヤン]
すべてうまく行っている?

## Oui, la sauce est délicieuse.
[ウィ、ラ・ソース・エ・デリスューズ]
えぇ、ソースがとてもおいしいわ。

## Bref on a bien mangé, mais c'était un peu cher quand même.
[ブレフ・オナ・ビヤン・マンジェ、メ・セテ・アン・プ・シェール・コン・メム]
まぁ、よく食べたけれど、それでもちょっと高かったよね。

平日のパリジェンヌ／レストランで

## 【 branché(e) [ブランシェ] 流行りの 】
"à la mode [ア・ラ・モード]" とも。パリジェンヌでも今、話題の店は気になるところ。新しいレストランは "un nouveau resto [アン・ヌーヴォー・レスト]"、お気に入りのレストランは "un resto favori [アン・レスト・ファヴォリ]"。

### C'est mon resto favori.
[セ・モン・レスト・ファヴォリ]
お気に入りのレストランよ。

## 【 au nom de [オ・ノム・ドゥ] ～の名前で 】
予約した名前を伝える言い方。フランスでは自分の名前でも、相手に伝えるときは Monsieur [ムスィユー]、Madame [マダム]、Mademoiselle [マドモワゼル] を前につけます。

## 【 apporter [アポルテ] 持ってくる 】
人に物を持って来てもらう時の動詞。メニューをなかなか持ってきてくれないということも、よくあるパリ。そんな時はお願いしましょう。

### Apportez-moi la carte.
[アポルテ・モワ・ラ・カルト]
メニューを持って来てください。

## 【 complet [コンプレ] 満席 】
女性形は "complète [コンプレット]"。レストランに予約しようとしても、もちろん満席で断られる場合もあります。

### C'est complet pour ce soir.
[セ・コンプレ・プール・ス・ソワール]
今晩は満席です。

平日のパリジェンヌ／レストランで

## 【 avoir faim [アヴォワール・ファン] お腹がすく】

"une faim de loup [ユンヌ・ファン・ドゥ・ルー]"は「オオカミの空腹」という意味で、「お腹がぺこぺこだ」ということ。また"mourir de faim [ムリール・ドゥ・ファン]"(死にそうにお腹が空いた)"とも言います。

### Voulez-vous un dessert ?
[ヴレ・ヴ・アン・デセール]
デザートはいかがですか？

### Non merci, j'ai plus faim.
[ノン・メルスィ、ジェ・プリュ・ファン]
結構です、お腹いっぱいです。


## 【 Tout se passe bien ? [トゥー・ス・パス・ビヤン] すべてうまく行っている？】

"Tout va bien [トゥー・ヴァ・ビヤン]"とも。ウエイターたちは食事中も、声を掛けてくれることがあります。"C'est bon ? [セ・ボン]"(おいしい？)"、"Ça a été ? [サ・ア・エテ]"(お口に合いましたか？)"など。


## 【 cher, chère [シェール] 高い】

経済観念のあるパリジェンヌたちにとって、レストランの値段も評価のひとつ。いくら美味しくても、懐以上の料金を払うのはナンセンス。味も値段も、そして雰囲気もバランスが取れたレストランが、ようやくパリジェンヌたちのお眼鏡に適うのです。

### C'est correct.
[セ・コレクト]
妥当なところね。

### C'est extraordinaire !
[セ・テクストラオルディネール]
すばらしいわ！

# 返事をするパリジェンヌ

## Les Parisiennes qui répondent.
[レ・パリジェンヌ・キ・レポンド]

世の中、「はい」、「いいえ」だけでは
シンプルに答えられない場面も多々あります。
パリジェンヌたちの返事の仕方を見てみましょう。

### 基本の返事

まずは「イエス」か「ノー」かです。気を付けたいのが、フランス語では否定文への否定の返事には"si"を使うこと。

Oui. [ウィ] はい。
Non. [ノン] いいえ。
Si. [スィ] いいえ。(肯定する)

### 曖昧な返事

どっちつかずの返事をするならば、こんな濁した言い方もあるのです。

Mouais. [ムエ] ああ。
Ouais. [ウェ] う〜ん。(「はい」を崩した言い方)
Bof. [ボフ] ふうん。(懐疑的)

### 了解する返事

「分かりました」と言うならこんな言葉。下の2つは予約時などで「受け付けました」と言った意味でも使います。

D'accord. [ダコール] 了解。
Entendu. [アンタンデュ] 了解。(聞きました)
Noté. [ノテ] 了解。(メモしたよ)

### 同意する返事

相手と同じ意見ならば、俄然元気になるパリジェンヌたち。強く同意を表しましょう。

Evidemment ! [エヴィダマン] もちろん!
Bien sûr ! [ビヤン・スュル] もちろん!
Tout à fait. [トゥータ・フェ] その通り。
Tu as raison. [テュ・ア・レゾン] 言う通りよ。
Ça m'étonne pas. [サ・メトンヌ・パ] そうだと思っていたよ。

068

### 確信する返事

自分の思っていることは、かなり強く言うパリジェンヌたち。

　　J'en suis sûre. [ジャン・スュイ・スュル]　そうだと思うよ。
　　Je t'assure. [ジュ・タスュル]　保証するよ。
　　Absolument. [アブソリュモン]　絶対だ。

### 相槌を打つ返事

「へえ、そうなんだ〜」とちょっと疑いながらも、特に同意も否定もしない場合によく使います。

　　Ah bon. [ア・ボン]　ああ、そう。
　　C'est vrai ? [セ・ヴレ]　本当に？
　　Tu crois ? [テュ・クロワ]　そう思う？
　　Peut-être. [プテトル]　たぶんね。

### 疑う返事

相手にうなずいているだけがパリジェンヌではありません。話に驚いた時にも使います。

　　C'est pas sûr. [セ・パ・スュル]　確かじゃない。
　　C'est pas vrai. [セ・パ・ヴレ]　うそでしょう。
　　Ça m'étonne. [サ・メトンヌ]　まさか。
　　Je crois pas. [ジュ・クロワ・パ]　信じないよ。
　　Incroyable ! [アンクロワイヤーブル]　信じられない！
　　Impossible ! [アンポスィーブル]　あり得ない！

*Chapitre 2*
# 週末のパリジェンヌ
Les Parisiennes en week-end
[レ・パリジェンヌ・アン・ウィケンド]

週末しかできないことがいろいろある中、
時間を多く費やすのは友達とのおしゃべり。
公園で、友人宅でのんびり過ごすのが一番
のリラックス法なのです！

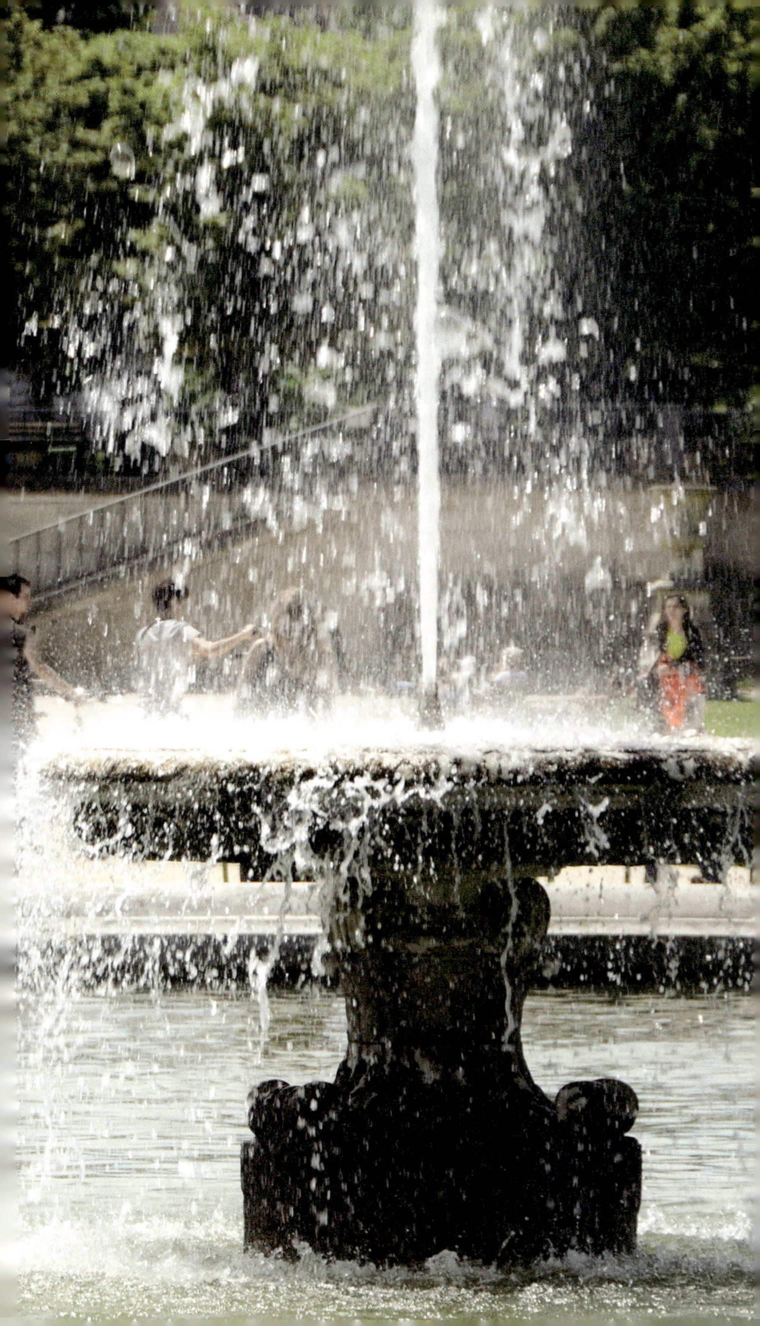

# Au marché
[オ・マルシェ]
市場で

### Le marché de mon quartier a lieu les samedis matins.
[ル・マルシェ・ドゥ・モン・カルティエ・ア・リュー・レ・サムディ・マタン]
私の地区の市場は、毎週土曜の朝に開かれるの。

### Je fais les courses là-bas chaque week-end.
[ジュ・フェ・レ・クルス・ラ・バ・シャク・ウィケンド]
毎週末、そこで買い物をするわ。

### Mais j'ai jamais réussi à y aller de bonne heure.
[メ・ジェ・ジャメ・レュスィ・ア・イ・アレ・ドゥ・ボンヌ・ウール]
でも朝早くに行けたことはないのよ。

---

パリジェンヌの食生活を担うのは、各地区で開かれる賑やかな朝市。新鮮な野菜や肉、魚、チーズまで日本にない食材がさまざまに揃っているため、ぐるりと見て回るだけでもフランスの豊かな食文化が覗けますよ。

週末のパリジェンヌ／市場で

> 基本の会話

## A qui le tour ?
［ア・キ・ル・トゥール］
どなたの番ですか？

## C'est à moi.
［セタ・モワ］
私の番です。

## Que désirez-vous ?
［ク・デズィレ・ヴ］
何にいたしましょうか？

## Je voudrais un melon et deux kilos de tomates.
［ジュ・ヴドレ・アン・ムロン・エ・ドゥー・キロ・ドゥ・トマト］
メロン1個とトマト2kgが欲しいのですが。

## Ce sera tous ?
［ス・スラ・トゥー］
それで全部でしょうか？

## En plus une livre de courgettes, s'il vous plaît.
［アン・プリュス・ユンヌ・リーヴル・ドゥ・クルジェット、シル・ヴ・プレ］
それからズッキーニ500gください。

## Ça fait 11 euros 20, s'il vous plaît.
［サ・フェ・オンズユーロ・ヴァン、シル・ヴ・プレ］
合計で11ユーロ20サンチームになります。

> 覚えておきたい**基本単語**

## 【 marché [マルシェ] (*m.*)　市場 】

パリは露天市場だけでなく、屋根付きホールで開かれる屋内市場 "marché couvert [マルシェ・クヴェール] (*m.*)" もあります。朝市が多いけれど、屋内市場は朝と夕方、また開かれる曜日も市場によってさまざまです。食料品の市場 "marché d'alimentation [マルシェ・ダリマンタスィオン]" 以外にも、衣料品の市場 "marché de vêtements [マルシェ・ドゥ・ヴェトマン]" があるところも。

### Je vais au marché chaque dimanche.
[ジュ・ヴェ・オ・マルシェ・シャク・ディマンシュ]
毎週日曜日、市場に行くわ。

## 【 courses [クルス] (*f.*)　（日常の）買い物 】

単数形の "course [クルス]" ならば「用事」という意味。「買い物をする」は複数形にして "faire les courses [フェール・レ・クルス]"。

### Je fais les courses au marché.
[ジュ・フェ・レ・クルス・オ・マルシェ]
市場で買い物をするの。

## 【 chez le maraîcher [シェ・ル・マレシェ]　野菜栽培者の店 】

生産者が自ら商品を売る店があるのが、市場の醍醐味。または "chez producteur [シェ・プロデュクトゥール] (生産者の店)" とも。卸市場から買い付けたものを売る店も多いです。八百屋さん "marchand(e) de légumes [マルシャン(ド)・ドゥ・レギューム]"、肉屋さん "boucher / bouchère [ブシェ / ブシェール]"、魚屋さん "poissonnier / poissonnière [ポワソニエ / ポワソニエール]"、チーズ屋さん "fromager / fromagère [フロマジェ / フロマジェール]" など。「〜の店」という "chez 〜 [シェ]" を前につけます。

### J'achète du jambon chez le boucher.
[ジャシェット・デュ・ジャンボン・シェ・ル・ブシェ]
肉屋さんでハムを買うわ。

週末のパリジェンヌ／市場で

### 【 kilo [キロ] (*m.*) キログラム 】
"kilogramme [キログラム] (*m.*)"の略。グラムは"gramme [グラム] (*m.*)"で500gは"une livre [ユンヌ・リーヴル]"と言います。市場では量り売りが基本なため、欲しい量を欲しいものの前につけて注文してね。1個、2個と数えられるものは、数量をつけても大丈夫。

## Six pommes, s'il vous plaît.
[スィ・ポム、シル・ヴ・プレ]
りんご6個ください。

### 【 Ce sera tout ? [ス・スラ・トゥー] それで全部でしょうか？ 】
市場以外でも、パン屋さんなどのお店でも聞かれる決まり文句で"Avec ceci ? [アヴェック・ススィ] (他には？)"とも。

## Vous désirez autre chose ?
[ヴ・デズィレ・オートル・ショーズ]
他に欲しいものはありますか？

### 【 Ça fait 〜 . [サ・フェ] 〜になります。 】
合計金額を伝える時に言います。「値段が〜だ」は"coûter [クテ]"。ユーロは"euro [ユーロ] (*m.*)"、サンチームは"centime [サンティーム] (*m.*)"ですが、値段を言う時は"centime"をつけないことが多いです。「1kgにつき」は"le kilo [ル・キロ]"、「1個につき」は"la pièce [ラ・ピエス]"と、値札の表記も異なるためご注意を。

## Combien ça coûte ?
[コンビヤン・サ・クート]
おいくらですか？

## Ça coûte 3 euros 10 le kilo.
[サ・クート・トロワズューロ・ディス・ル・キロ]
1kgにつき3ユーロ10サンチームです。

075

**パリジェンヌ流会話**

### Je prends un petit morceau de ça.
[ジュ・プラン・アン・プティ・モルソー・ドゥ・サ]
これの小さな塊をもらいます。

### Comme ceci ?
[コム・ススィ]
このぐらい？

### Oui, et puis, que me recommandez-vous aujourd'hui ?
[ウィ、エ・ピュイ、ク・ム・ルコマンデ・ヴ・オージュールドュイ]
ええ、それから今日は何がお勧めですか？

### Voulez-vous goûter ça ?
[ヴレ・ヴ・グテ・サ]
これを味見してみますか？

### C'est très bon, j'en prends un.
[セ・トレ・ボン、ジャン・プラン・アン]
とてもおいしいわ。それを１つもらいます。

### Qu'y a-t-il en promo aujourd'hui ?
[キヤ・ティル・アン・プロモ・オージュールドュイ]
今日のお買い得は何がありますか？

### C'est un fromage de chèvre bio, 2 euros les deux.
[セタン・フロマージュ・ドゥ・シェーヴル・ビヨ、ドゥーズユーロ・レ・ドゥー]
オーガニックの山羊のチーズが２個で２ユーロよ。

### Donnez-en moi deux.
[ドネザン・モワ・ドゥー]
それを２つください。

### Tenez, c'est un petit cadeau.
[トネ、セタン・プティ・カドー]
どうぞ、ちょっとしたおまけよ。

週末のパリジェンヌ／市場で

## 【 morceau [モルソー] (*m.*) 塊 】

特にチーズ屋さんや肉屋さん、魚屋さんで、切り売りしてくれる場合は、塊の大きさを指定することも多いです。小さな塊 "un petit morceau [アン・プティ・モルソー]"、大きな塊 "un gros morceau [アン・グロ・モルソー]"、中ぐらいの塊 "un morceau moyen [アン・モルソー・モワイヤン]" など。

### Pouvez-vous le couper en petits morceaux ?
[プヴェ・ヴ・ル・クーペ・アン・プティ・モルソー]
それを小さな塊に切っていただけますか？

## 【 Comme ceci ? [コム・ススィ] このぐらい？ 】

「小さな塊」では店員さんもよく分からないので、ナイフをあてて「このぐらい？」と聞かれます。"comme [コム]" は「このような」という意味で、日常的によく使う言葉です。

### Je voudrais comme ça.
[ジュ・ヴドレ・コム・サ]
このようなものが欲しいのですが。

## 【 recommander [ルコマンデ] 勧める 】

その日のお勧めはやっぱり店員さんに聞くべし。いろいろとおいしいものを教えてくれるはずです。「お買い得品」は "promo [プロモ] (*f.*)" で "promotion [プロモスィヨン]" の略。こちらもぜひチェックしたいところ。

### Je vous recommande un fromage rare.
[ジュ・ヴ・ルコマンド・アン・フロマージュ・ラール]
珍しいチーズをお勧めします。

### C'est une promo.
[セ・テュンヌ・プロモ]
お買い得ですよ。

## 【 goûter [グテ] 味見する 】

味見ができるのも市場の楽しみ。"déguster [デギュステ]"とも言い、商品によっては頼むこともできます。また、"C'est pour vous. [セ・プール・ヴ]"などと言って、おまけをしてくれる場合もあります。

### Je peux le goûter ?
[ジュ・プ・ル・グテ]
味見できますか？

## 【 bio [ビヨ] オーガニックの 】

"biologique [ビヨロジック]"の略。パリでもオーガニックは大人気で、オーガニック専門の市場"marché bio [マルシェ・ビヨ] (*m.*)"、やレストラン"restaurant bio [レストラン・ビヨ] (*m.*)"もあります。

### Je mange que du bio.
[ジュ・マンジュ・ク・デュ・ビヨ]
オーガニックしか食べないわ。

## 【 supermarché [スーペルマルシェ] (*m.*) スーパーマーケット 】

小さなスーパーマーケット"superette [スペレット] (*f.*)"や、アラブ人経営の食料品店"épicerie arabe [エピスリー・アラブ] (*f.*)"もパリのいたるところにあります。品物を選んだら、レジで会計するだけですが、量り売りの野菜などは秤の上にのせて、出てくる値段シールを張り付けなくてはいけません。また、レジの前にあるベルトコンベアには自分で載せて、袋に詰めるのも自分で、が基本です。パリ郊外に行けば大型スーパーマーケット"hypermarché [イーペルマルシェ] (*m.*)"や大規模小売店"grande surface [グランド・スュルファス] (*f.*)"もあり、こちらは買いだめ用として活用。

### Je passe au supermarché après le boulot.
[ジュ・パス・オ・スーペルマルシェ・アプレ・ル・ブロ]
仕事の後でスーパーマーケットに立ち寄るの。

# Aux puces

[オー・ピュス]

## 蚤の市で

### Je viens d'emménager dans le dixième arrondissement.

[ジュ・ヴィヤン・ダンメナジェ・ダン・ル・ディズィェム・アロンディスマン]

10区に引っ越したばかりなの。

### J'ai donc envie de décorer mon nouvel appartement.

[ジェ・ドンク・アンヴィ・ドゥ・デコレ・モン・ヌーヴェル・ラパルトマン]

だから新しいアパルトマンを装飾したいの。

### Ma mission aux puces, c'est de trouver un beau canapé !

[マ・ミスィヨン・オー・ピュス、セ・ドゥ・トルヴェ・アン・ボー・カナペ]

蚤の市での使命は、素敵なソファーを見つけること！

---

パリジェンヌたちは蚤の市が大好き。部屋のインテリアは、新しい物と古い物が調和され、まさに世界でひとつだけの空間に仕立てられています。多くのガラクタの中から、自分らしいオブジェを掘り出す技には脱帽！

週末のパリジェンヌ／蚤の市

> 基本の会話

## Madame, c'est à vous ?
[マダム、セタ・ヴ]
すみません、これはあなたのですか？

## Oui, c'est à moi.
[ウィ、セタ・モワ]
ええ、私のです。

## C'est combien ?
[セ・コンビヤン]
これはおいくらですか？

## C'est 5 euros la pièce.
[セ・サンキューロ・ラ・ピエス]
1個5ユーロです。

## Si j'en prends trois, vous me faites combien ?
[スィ・ジャン・プラン・トロワ、ヴ・ム・フェット・コンビヤン]
もし3ついただくなら、いくらにしていただけますか？

## Je peux vous faire 12 euros les trois.
[ジュ・プ・ヴ・フェール・ドゥーズユーロ・レ・トロワ]
3個で12ユーロにできますよ。

## D'accord, j'en prends trois.
[ダコール、ジャン・プラン・トロワ]
分かりました、3ついただきます。

081

覚えておきたい**基本単語**

### 【 les puces [レ・ピュス] (*f.*)　蚤の市 】

"marché aux puces [マルシェ・オー・ピュス] (*m.*)" の略。一般人も売り手として参加できるフリーマーケットは "vide-grenier [ヴィド・グルニエ] (*m.*)"。切手市 "marché aux timbres [マルシェ・オー・ターンブル]"、古本市 "marché du livre ancien [マルシェ・デュ・リーヴル・アンスィヤン]" など専門市もあります。セーヌ川沿いに小さな露店を構える古本屋 "bouquiniste [ブキニスト]" はパリの名物。

## Je suis allée aux puces samedi dernier.
[ジュ・スュイ・ザレ・オー・ピュス・サムディ・デルニエ]
先週の土曜日に蚤の市に行ったの。

### 【 brocante [ブロカント] (*f.*)　ブロカント 】

「古物屋」のことも指し、ガラクタのような古道具のことは "bric-à-brac [ブリカブラク] (*m.*)" とも言う。高級な骨董品は "antiquités [アンティキテ] (*f.*)" で、骨董品屋さんは "antiquaire [アンティケール]"。パリでは蚤の市以外にも古物屋や骨董品の店があります。

## J'ai acheté un bol ancien à la brocante.
[ジェ・アシュテ・アン・ボル・アンスィヤン・ア・ラ・ブロカント]
古物屋で古いカフェオレボウルを買ったわ。

### 【 fripe [フリップ] (*f.*)　古着 】

「古着屋」は "friperie [フリプリー] (*f.*)"。現在は「古着」は "vintage [ヴィンテージ] (*m.*)"、「古着屋」は "boutique vintage [ブティック・ヴィンテージ] (*f.*)" と言う方が多いです。

## J'adore le vintage.
[ジャドール・ル・ヴィンテージ]
古着が大好きよ。

週末のパリジェンヌ／蚤の市で

## 【 C'est à vous ?[セタ・ヴ] あなたのですか？ 】

露店などの蚤の市では、誰が店主なのか分からないこともしばしば。まずは尋ねる相手を確かめましょう。

### C'est votre étalage ?
[セ・ヴォトル・エタラージュ]
あなたのスタンドですか？

## 【 C'est combien ?[セ・コンビヤン] これはおいくらですか？ 】

蚤の市などの商品には値段がついていないことが多いので、欲しいものが見つかったら、値段を尋ねてみましょう。値段の聞き方はいろいろあります。

### Ça coûte combien, cette nappe ?
[サ・クート・コンビヤン、セット・ナップ]
このテーブルクロスはおいくらですか？

## 【 Vous me faites combien ?[ヴ・ム・フェット・コンビヤン]
いくらにしていただけますか？ 】

蚤の市の楽しみは値切ることにもあり！ 大抵、10〜20%くらいはすんなり安くなることが多いので、値切らないと損です。また、まとめ買いをすると安くなることも。こちらから値段を提示することもできます。

### Vous pouvez me le faire à 10 euros ?
[ヴ・プヴェ・ム・ル・フェール・ア・ディズューロ]
10ユーロにしていただけますか？

### Combien ça coûte, tous les quatre ?
[コンビヤン・サ・クート、トゥー・レ・カトル]
4つ全部でおいくらですか？

### バリジェンヌ流会話

**Je peux vous aider ?**
[ジュ・プ・ヴ・ゼデ]
お伺いしましょうか？

**Oui, je cherche un canapé en cuir.**
[ウィ、ジュ・シェルシュ・アン・カナペ・アン・キュイール]
えぇ、革製のソファーを探しているんです。

**Mais celui-ci est trop grand pour mon petit appart.**
[メ・スリュイ・スィ・エ・トロ・グラン・プール・モン・プティ・タパールト]
でもこれは私の小さなアパルトマンには大きすぎるわ。

**Il y a que des canapés de grande taille.**
[イリヤ・ク・デ・カナペ・ドゥ・グランド・タイユ]
大きなサイズのソファーしかないよ。

**Dommage. Par contre je m'intéresse à cette carafe.**
[ドマージュ。パール・コントル・ジュ・マンテレス・ア・セット・カラフ]
残念。その代わり、このカラフに興味があるわ。

**Comme vous êtes jolie fille, je vous le fais 5 euros.**
[コム・ヴ・ゼット・ジョリー・フィーユ、ジュ・ヴ・ル・フェ・サンキューロ]
美しい娘さんだから、5ユーロにしてあげますよ。

**C'est pas cher. Merci monsieur !**
[セ・パ・シェール。メルスィ・ムスィユー]
安いわ。ありがとうございます！

**Enfin je n'ai pas trouvé mon canapé.**
[アンファン・ジュ・ネ・パ・トルヴェ・モン・カナペ]
結局、私のソファーは見つからなかったわ。

**J'essaierai de chiner au vide-grenier la semaine prochaine.**
[ジェセレ・ドゥ・シネ・オ・ヴィド・グルニエ・ラ・スメーヌ・プロシェンヌ]
来週はフリーマーケットで探してみよう。

週末のパリジェンヌ／蚤の市で

## 【 chercher [シェルシェ] 探す 】

蚤の市では話した者勝ちだから、店の中に欲しい物が見つからなかったとしても、探している物のことなどを伝えてみましょう。その時にできるだけ具体的に欲しい物を伝えると、他の店を紹介してくれることもあります。「見つける」は "trouver [トルヴェ]"。

### Je cherche un miroir pour mettre dans la salle de bain.
[ジュ・シェルシュ・アン・ミロワール・プール・メトル・ダン・ラ・サル・ドゥ・バン]
浴室に置く鏡を探しています。

## 【 chiner [シネ] 古物を探す 】

蚤の市やブロカントから古物を探すのはもちろん、道に捨てられている物も回収利用 "récup [レキュプ] (f.)、récupération [レキュペラスィヨン] の略" してしまうのがパリジェンヌ。また、修繕したり "bricoler [ブリコレ]"、改造したり "détourner [デトゥルネ]" する凝った人もいます。

### C'est mon hobby de chiner aux puces.
[セ・モン・オビ・ドゥ・シネ・オー・ピュス]
蚤の市で古物を探すのが趣味なの。

## 【 occasion [オカズィヨン] (f.) 中古 】

「中古の」は "de seconde main [ドゥ・スゴンド・マン]"、反対に「新品」は "neuf [ヌフ] (m.)"。「古い」は "vieux [ヴィユー]、vieille [ヴィエィユ]"、「年代物の」は "ancien [アンスィヤン]、ancienne [アンスィエンヌ]"。蚤の市では中古以外にも、在庫 "stock [ストック] (m.)" として倉庫で眠っていた、使っていない古い物があることも。

### J'ai trouvé un beau meuble ancien.
[ジェ・トルヴェ・アン・ボー・ムーブル・アンスィヤン]
年代物の美しい家具を見つけたわ。

# フランス語の日常語

## La langue courante
[ラ・ラング・クーラント]

フランス語の中には、
くだけた言葉 "langue familière [ラング・ファミリエール]" や
俗語 "langue vulgaire [ラング・ヴュルゲール]" が
いろいろとあります。
通常の単語とともに日常語を見てみましょう。

enfant [アンファン] 子供
→ môme [モーム]　gosse [ゴス]

garçon [ガルソン] (*m.*) 男の子
→ gamin [ガマン] (*m.*)

fille [フィーユ] (*f.*) 女の子
→ gamine [ガミンヌ] (*f.*)

homme [オム] (*m.*) 男
→ mec [メク] (*m.*)　type [ティプ] (*m.*)

femme [ファム] (*f.*) 女
→ gonzesse [ゴンゼス] (*f.*)　nana [ナナ] (*f.*)

ami(e) [アミ] 友達
→ pote [ポット]

cigarette [スィガレット] (*f.*) タバコ
→ clope [クロップ] (*f.*)

voiture [ヴォワテュール] (*f.*) 車
→ bagnole [バニョール] (*f.*)

livre [リーヴル] (*m.*) 本
→ bouquin [ブカン] (*m.*)

policier [ポリスィエ] (*m.*) 警官
→ flic [フリック] (*m.*)　poulet [プレ] (*m.*)

argent [アルジャン] (*m.*) お金
→ fric [フリック] (*m.*)　sous [スー] (*m.*)

# Au jogging
[オ・ジョギング]
ジョギングで

### J'ai commencé le jogging depuis un mois.
[ジェ・コマンセ・ル・ジョギング・ドゥピュイ・アン・モワ]
1カ月前からジョギングをし始めたの。

### Au début c'était pour le régime.
[オ・デビュ・セテ・プール・ル・レジーム]
最初はダイエットのためだったのだけど。

### Finalement c'est pas mal de se bouger !
[フィナルマン・セ・パ・マル・ドゥ・ス・ブジェ]
結局のところ、体を動かすのは悪くないわね！

---

都会で簡単にできるスポーツとしてパリジェンヌたちに人気のジョギング。公園はもちろんのこと、日曜日になるとセーヌ川の河岸の道路が歩行者天国として開放されるため、ジョギングをする人で賑わっています。

週末のパリジェンヌ／ジョギングで

> 覚えておきたい基本単語

## 【 jogging [ジョギング] (m.) ジョギング 】
英語からの単語で、ジョギング用のパンツも同じく"jogging [ジョギング] (m.)"。ランニングシャツは"maillot [マイヨー] (m.)"。

### Je fais du jogging.
[ジュ・フェ・デュ・ジョギング]
ジョギングをするわ。

## 【 courir [クリール] 走る 】
フランス語でランニングは"course [クルス] (f.)"で、「ランニングをする」は"faire de la course [フェル・ドゥ・ラ・クルス]"。「買い物をする→P.074」との違いに注意。

### Je fais de la course tous les week-ends.
[ジュ・フェ・ドゥ・ラ・クルス・トゥー・レ・ウィケンド]
毎週末、ランニングをするの。

## 【 régime [レジーム] (m.) ダイエット 】
パリジェンヌたちも気になるのは体のライン。運動をしたり、食事に気を付けている人も多いです。一人でいつでもできるジョギングは手軽なエクササイズ。

### Je suis au régime.
[ジュ・スュイ・オ・レジーム]
ダイエット中よ。

### Je fais de l'exercice pour garder la ligne.
[ジュ・フェ・ドゥ・レグゼルスィス・プール・ガルデ・ラ・リーニュ]
スタイルを保つために運動をするわ。

> パリジェンヌ流会話

## Bonjour. On se croise beaucoup ici.
[ボンジュール。オン・ス・クロワーズ・ボークー・イスィ]
こんにちは。ここでよく出会うね。

## C'est vrai. Vous habitez où?
[セ・ヴレ。ヴ・ザビテ・ウ]
本当に。どこにお住まいですか?

## J'habite dans la rue Oberkampf.
[ジャビット・ダン・ラ・リュ・オベルカンフ]
オベルカンフ通りだよ。

## Je fais du jogging jusqu'au quai.
[ジュ・フェ・デュ・ジョギング・ジュスコ・ケ]
セーヌ河岸までジョギングするんだ。

## Ça fait longtemps que vous faites ça ?
[サ・フェ・ロンタン・ク・ヴ・フェット・サ]
走られて長いのですか?

## A peu près deux ans.
[ア・プ・プレ・ドゥー・ザン]
2年くらいだね。

## J'ai participé au marathon de Paris l'année dernière.
[ジェ・パルティスィペ・オ・マラトン・ドゥ・パリ・ラネ・デルニエール]
去年はパリマラソンに参加したよ。

## J'ai fini dans la moyenne, mais c'était magnifique !
[ジェ・フィニ・ダン・ラ・モワイエンヌ、メ・セテ・マニフィック]
真ん中で終わったけれど、すばらしかった!

## J'aimerais essayer, mais il faudrait que je m'entraîne plus.
[ジェムレ・エセイエ、メ・イル・フォドレ・ク・ジュ・マントレンヌ・プリュス]
やってみたいけれど、もっと鍛えないといけませんね。

週末のパリジェンヌ／ジョギングで

## 【 marathon [マラトン] (*m.*)　マラソン 】

毎年、4月にパリで開かれるパリマラソン"marathon de Paris [マラトン・ドゥ・パリ]"の参加者は増える一方です。シャンゼリゼ大通りから始まり、ヴァンセンヌの森で折り返してブーローニュの森でゴールする42,195km。仮装して走っている人もいるほどお祭りムードなので、興味がある人は参加してみてはいかが？

### Je voudrais m'inscrire au marathon de Paris.
[ジュ・ヴドレ・マンスクリール・オ・マラトン・ドゥ・パリ]
パリマラソンに申し込みたいのですが。

## 【 s'entraîner [サントレネ]　（自分を）訓練する 】

他動詞 "entraîner [アントレネ]" とすると、「誰かを訓練する」という意味に。「訓練」は "entraînement [アントレヌマン] (*m.*)"、「コーチ」は "entraîneur [アントレヌール]、entraîneuse [アントレヌーズ]"。

### Je m'entraîne pour participer au marathon de Paris.
[ジュ・マントレンヌ・プール・パルティスィペ・オ・マラトン・ドゥ・パリ]
パリマラソンに参加するために訓練するわ。

## 【 sport [スポール] (*m.*)　スポーツ 】

パリで見かけるスポーツと言えば、以下の通り。

- tennis [テニス] (*m.*)　テニス
- football [フットボール] (*m.*)　サッカー
- basket-ball [バスケットボール] (*m.*)　バスケットボール
- gym [ジム] (*f.*)　室内トレーニング
- natation [ナタスィヨン] (*f.*)　水泳
- roller [ロルール] (*m.*)　ローラースケート
- skateboard [スケートボード] (*m.*)　スケートボード
- patin à glace [パタン・ア・グラス] (*m.*)　アイススケート
- pétanque [ペタンク] (*f.*)　ペタンク

### Qu'est-ce que tu fais comme sport ?
[ケ・ス・ク・テュ・フェ・コム・スポール]
スポーツは何をする？

週末のパリジェンヌ／ジョギングで

## 褒めるパリジェンヌ

**Les Parisiennes qui font des compliments.**
[レ・パリジェンヌ・キ・フォン・デ・コンプリマン]

褒めるとなると、とことん褒めるのがパリジェンヌ。
以下の言葉の前に"C'est [セ] (それは〜だ)"を
つければ、何にでも使えます。
言葉によっては単語だけでも言うことができます。

**感じがいい!**
sympa [サンパ]
aimable [エマーブル]

**悪くない!**
pas mal [パ・マル]

**すばらしい!**
magnifique [マニフィック]
extraordinaire [エクストラオルディネール]
merveilleux [メルヴェイユー]
excellent [エクセラン]
superbe [スペルブ]
formidable [フォルミダーブル]

**すごい!**
super [スペール]
génial [ジェニアル]

**感動的!**
impressionnant [アンプレッシヨナン]
émouvant [エムーヴァン]

**美しい!**
beau [ボー]

**完璧!**
impeccable [アンペカーブル]
parfait [パルフェ]

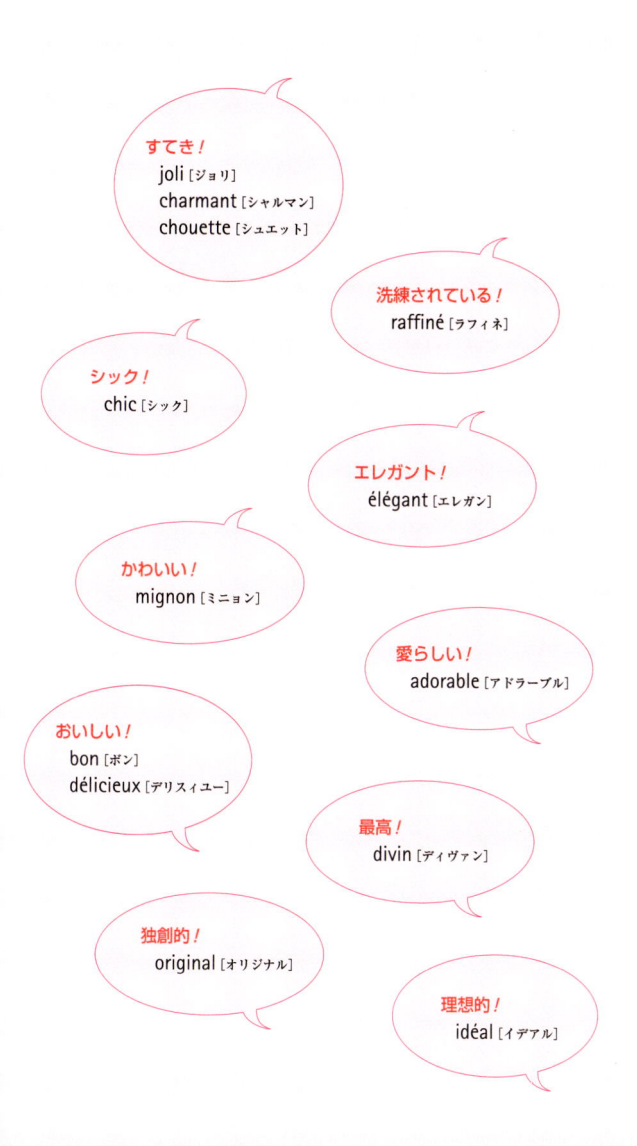

- **すてき！**
  joli [ジョリ]
  charmant [シャルマン]
  chouette [シュエット]

- **洗練されている！**
  raffiné [ラフィネ]

- **シック！**
  chic [シック]

- **エレガント！**
  élégant [エレガン]

- **かわいい！**
  mignon [ミニョン]

- **愛らしい！**
  adorable [アドラーブル]

- **おいしい！**
  bon [ボン]
  délicieux [デリスィユー]

- **最高！**
  divin [ディヴァン]

- **独創的！**
  original [オリジナル]

- **理想的！**
  idéal [イデアル]

# Au pique-nique
[オ・ピクニック]
ピクニックで

## J'ai organisé un pique-nique entre amis.
[ジェ・オルガニゼ・アン・ピクニック・アントル・アミ]
友達同士のピクニックを計画したの。

## On a rendez-vous à l'entrée du parc 11h.
[オナ・ランデヴー・ア・ロントレ・デュ・パルク・オンズゥール]
11時に公園の入り口で待ち合わせよ。

## Chacun apporte quelque chose à manger pour le brunch.
[シャカン・アポルト・ケルク・ショーズ・ア・マンジェ・プール・ル・ブランチ]
ブランチのために各自食べ物を持ち寄るの。

外で食事をするのが大好きなパリジェンヌたち。天気のいい休日ともなると、公園のみならずセーヌ河岸やサン・マルタン運河沿いまで、多くの人々が外に繰り出してピクニックを楽しみます。夏は美しい夜景を眺められる夜も大賑わい！

週末のパリジェンヌ／ピクニックで

> 覚えておきたい基本単語

## 【 pique-nique [ピクニック] (m.)　ピクニック 】
動詞形は"pique-niquer [ピクニッケ] (ピクニックする)"。「草の上で昼食」という意味合いの"déjeuner sur l'herbe [デジュネ・スュル・レルブ]"とも。

### Je fais un pique-nique avec des amies.
[ジュ・フェ・アン・ピクニック・アヴェック・デ・ザミ]
友達と一緒にピクニックをするわ。

## 【 parc [パルク] (m.)　公園 】
同じ公園でもフランス式庭園は"jardin [ジャルダン] (m.)"と言います。公園以外にピクニックで人気の場所は水辺"au bord de l'eau [オ・ボール・ドゥ・ロー]"。パリはセーヌ川沿いの河岸"sur le quai [スュル・ル・ケ]"や歩行者専用の橋の上"sur le pont [スュル・ル・ポン]"、運河沿い"sur le quai du canal [スュル・ル・ケ・デュ・カナル]"など、ピクニックできる場所がいろいろあります。

### On fait un pique-nique sur le pont ?
[オン・フェ・アン・ピクニック・スュル・ル・ポン]
橋の上でピクニックする？

## 【 pelouse [プルーズ] (f.)　芝生 】
公園なら一番人気の場所は寝転がれる芝生の上。敷物"drap [ドラ] (m.)"を持っていなければ、あちこちにあるベンチ"banc [バン] (m.)"を利用するという手も。日影は"à l'ombre [ア・ローンブル]"、日向は"au soleil [オ・ソレィユ]"。日焼けをするために、水着姿で寝転がっているパリジェンヌたちも多いです。

### Je vais bronzer sur la pelouse.
[ジュ・ヴェ・ブロンゼ・スュル・ラ・プルーズ]
芝生の上で日焼けするわ。

## パリジェンヌ流会話

### Salut, les autres ne sont pas encore arrivés ?
[サリュ、レ・ゾートル・ヌ・ソン・パ・ザンコール・アリヴェ]
よっ、他の人たちはまだ到着していないの？

### Ah, mon portable sonne.
[ア、モン・ポルターブル・ソヌ]
あっ、携帯が鳴っている。

### Allô, vous êtes en retard de 20 mn ?
[アロー、ヴ・ゼットゥ・アン・ルタール・ドゥ・ヴァン・ミニュット]
もしもし、あなたたちは20分遅れるって？

### Y a pas de problème. Tout de suite.
[ヤ・パ・ドゥ・プロブレム。トゥー・ドゥ・スュイット]
大丈夫よ。すぐにね。

### On va chercher un endroit pour s'installer.
[オン・ヴァ・シェルシェ・アン・ノンドロワ・プール・サンスタレ]
座る場所を探そう。

### Je préfère à l'ombre sur la pelouse.
[ジュ・プレフェル・ア・ローンブル・スュル・ラ・プルーズ]
芝生の上の日影がいいな。

### C'est bien là-bas, au pied d'un arbre.
[セ・ビヤン・ラ・ヴァ、オ・ピエ・ダン・ナルブル]
木の根元、あそこがいいね。

### Moi, je me mets au soleil.
[モワ、ジュ・ム・メ・オ・ソレイユ]
私は日向に座るよ。

### En attendant, on va commencer par l'apéro ?
[アナタンダン、オン・ヴァ・コマンセ・パール・ラペロ]
とりあえず、食前酒から始めておく？

週末のパリジェンヌ／ピクニックで

# Au shopping
[オ・ショッピング]

ショッピングで

### Les soldes commencent cette semaine à Paris.
[レ・ソルド・コマンス・セット・スメーヌ・ア・パリ]

パリでセールが今週始まるよ。

### Je sais ce que je vais acheter.
[ジュ・セ・ス・ク・ジュ・ヴェ・アシュテ]

買うものが決まっているの。

### C'est une robe pour aller au mariage d'une copine !
[セ・テュンヌ・ローブ・プール・アレ・オ・マリアージュ・デュンヌ・コピーヌ]

友達の結婚式に行くためのワンピースよ！

---

モードの町としても名高いパリながら、パリジェンヌたちの買い物はいたって堅実。あらかじめ店で欲しい物をチェックしておき、セールを待って買うというスタイル。ただし、セール期間中のパリジェンヌの勢いは猛烈です。

> 基本の会話

## Je voudrais essayer ce pantalon.
[ジュ・ヴドレ・エセイエ・ス・パンタロン]
このパンツを試着したいのですが。

## Quelle taille faites-vous ?
[ケル・タイユ・フェット・ヴ]
サイズはおいくつですか？

## Je fais du 38.
[ジュ・フェ・デュ・トランテュイット]
38です。

## C'est votre taille. Allez-y.
[セ・ヴォトル・タイユ。アレズィ]
これはあなたのサイズです。どうぞ。

## C'est un peu grand.
[セタン・プ・グラン]
ちょっと大きいです。

## Vous avez la taille au-dessous ?
[ヴ・ザヴェ・ラ・タイユ・オ・ドゥスー]
下のサイズがありますか？

> 覚えておきたい基本単語

# 【 shopping [ショッピング] (*m.*) ショッピング 】

ウインドーショッピングは、"faire(lécher) les vitrines [フェール(レシェ)・レ・ヴィトリーヌ]"。「買い物をする」は、動詞 "faire [フェール]" を使います。

## Je fais du shopping.
[ジュ・フェ・デュ・ショッピング]
買い物をするわ。

# 【 magasin [マガザン] (*m.*) 店 】

デパートは "grand magasin [グラン・マガザン] (*m.*)"、小規模の店は "boutique [ブティック] (*f.*)"。洋服屋 "magasin de mode [マガザン・ドゥ・モード]"、洋品小物店 "magasin d'accessoires de mode [マガザン・ダクセソワール・ドゥ・モード]"、靴屋 "magasin de chaussures [マガザン・ドゥ・ショスュール]"、アクセサリー店 "bijouterie [ビジュトリー] (*f.*)"、スポーツ店 "magasin de sport [マガザン・ドゥ・スポール]"、インテリア用品店 "magasin de déco [マガザン・ドゥ・デコ]"。

# 【 vendeur [ヴァンドゥール] (*m.*) 店員 】

女性店員は "vendeuse [ヴァンドゥーズ] (*f.*)"。レジは "caisse [ケス] (*f.*)" でデパートなど大型店は、レジに品物を持って行ってお会計をします。また物によっては、伝票だけをもらって会計後に品物をもらうパターンも。またプレゼント用に包んでくれる場合もあるので、お願いしてみましょう。

## Où est la caisse ?
[ウ・エ・ラ・ケス]
レジはどこですか？

## Pouvez-vous faire un paquet-cadeau ?
[プヴェ・ヴ・フェール・アン・パケ・カドー]
プレゼント用に包んでいただけますか？

【 taille [タイユ] (*f.*)　サイズ 】
サイズはヨーロッパ表記なのでご注意。女性サイズの7号は"36(trente-six[トラント・スィス])"、9号は"38(trente-huit[トラントゥイット])"、11号は"40(quarante[カラント])"あたりを目安にして。「ひとつ上のサイズ」は"la taille au-dessus [ラ・タイユ・オ・ドゥシュ]"、「ひとつ下のサイズ」は"la taille au-dessous [ラ・タイユ・オ・ドゥスー]"。

## Avez-vous la taille 36 ?
[アヴェ・ヴ・ラ・タイユ・トラント・スィス]
36サイズはありますか？


【 pointure [ポワンテュール] (*f.*)　靴のサイズ 】
靴のサイズもヨーロッパ表記。女性サイズの22.5cmは"35(trente-cinq [トラント・サンク])"、23.5cmは"36(trente-six [トラント・スィス])"、24.5cmは"37(trente-sept [トラント・セット])"あたりながら、大きさはメーカーによっても異なります。

## Quelle pointure faites-vous ?
[ケル・ポワンテュール・フェット・ヴ]
靴のサイズはおいくつですか？

## Je fais du 37.
[ジュ・フェ・デュ・トラント・セット]
37です。


【 essayer [エセイエ]　試着する 】
買ってからサイズが合わないなんてことがないように、試着は大切。試着室は"cabine d'essayage [キャビーヌ・デセイヤージュ] (*f.*)"と言います。

## Je peux essayer cette robe ?
[ジュ・プ・エセイエ・セット・ローブ]
このワンピースを試着できますか？

> **パリジェンヌ流会話**

## J'ai vu une robe dans la vitrine l'autre jour.
[ジェ・ヴュ・ユンヌ・ローブ・ダン・ラ・ヴィトリーヌ・ロートル・ジュール]
先日、ショーウインドーの中にワンピースを見たのですが。

## De quelle robe parlez-vous ?
[ドゥ・ケル・ローブ・パルレ・ヴ]
どのワンピースのことですか？

## Elle est bleue avec une ceinture.
[エレ・ブルー・アヴェキュンヌ・サンテュール]
青色でベルトがついているものです。

## Oui, on en a dans d'autres couleurs aussi.
[ウィ、オナナ・ダン・ドートル・クルール・オスィ]
ええ、他の色でもありますよ。

## Je voudrais essayer celle en bleu et celle en rose.
[ジュ・ヴドレ・エセイエ・セル・アン・ブルー・エ・セル・アン・ローズ]
ブルーのものとピンクのものを試してみたいのですが。

## Qu'en pensez-vous ?
[カン・パンセ・ヴ]
どう思いますか？

## Celle en bleu vous va très bien.
[セル・アン・ブルー・ヴ・ヴァ・トレ・ビヤン]
ブルーのものがとてもお似合いです。

## J'espère qu'elle est en solde.
[ジェスペール・ケレ・アン・ソルド]
セールになっているといいのですが。

## Elle est à moins cinquante pour cent.
[エレ・タ・モワン・サンカーント・プール・サン]
50%引きですよ。

週末のパリジェンヌ／ショッピングで

## 【 robe [ローブ] (f.) ワンピース、ドレス 】

洋服で覚えておきたい基本の単語は、Tシャツ "T-shirt [ティ・シュルト] (m.)"、シャツ "chemise [シュミーズ] (f.)"、セーター "pull [プル] (m.)"、ジャケット "veste [ヴェスト] (f.)"、コート "manteau [マントー] (m.)"、パンツ "pantalon [パンタロン] (m.)"、ジーンズ "jeans [ジーン] (m.)"、スカート "jupe [ジュップ] (f.)" など。

## 【 dans d'autres couleurs [ダン・ドートル・クルール] 他の色で 】

一般的な色は、青色 "bleu [ブルー] (m.)"、緑色 "vert [ヴェール] (m.)"、赤色 "rouge [ルージュ] (m.)"、黄色 "jaune [ジョーヌ] (m.)"、ピンク "rose [ローズ] (m.)"、黒 "noir [ノワール] (m.)"、白 "blanc [ブラン] (m.)" など。

## 【 Ça vous va très bien. [サ・ヴ・ヴァ・トレ・ビヤン] とてもお似合いです。 】

動詞 "aller [アレ]" は「合う」という意味もあるのです。似合っているかどうか、店員さんに聞いてみましょう。

### Ça me va bien ?
[サ・ム・ヴァ・ビヤン]
似合っていますか？

## 【 soldes [ソルド] (m.) セール 】

セールには、さまざまな言い方があります。「在庫処分セール」といった意味の "liquidation [リキダスィヨン] (f.)"、"braderie [ブラドリー] (f.)"、"déstockage [デストカージュ] (m.)" など。また、セール前のプライベートセール "vente privée [ヴァント・プリヴェ] (f.)"、プレスセール "vente presse [ヴァント・プレス]" をパリジェンヌたちは賢く活用。ただし、こちらは招待状 "invitation [アンヴィタスィヨン] (f.)" が必要です。

### Elle est hors soldes.
[エレ・オール・ソルド]
それはセール対象外です。

週末のパリジェンヌ／ショッピングで

## 【 prix [プリ] (*m.*)　値段 】

「半額で」は"à moitié prix [ア・モワティエ・プリ]"、「低価格で」は"à bas prix [ア・バ・プリ]"。「価格破壊」"prix cassé [プリ・カセ]"なんて表示されている場合も。「割引」は"réduction [レデュクスィヨン] (*f.*)"で、パーセンテージ"pour cent [プール・サン]"で割引率が表示されています。

### On fait une réduction de trente pour cent.
[オン・フェ・ユンヌ・レデュクスィヨン・ドゥ・トラント・プール・サン]
30％割引をします。

## 【 payer [ペイエ]　支払う 】

支払いの際には何で払うか聞かれます。「クレジットカードで」は"avec une carte [アヴェキュンヌ・カルト]"、「現金で」は"en espèces [アン・ネスペス]"または"en liquide [アン・リキッド]"です。クレジットカードは暗証番号を入力しなくてはいけないので、しっかり覚えておきましょう。

### Comment réglez-vous ?
[コマン・レグレ・ヴ]
お支払いはどうなさいますか？

### Je paye avec une carte.
[ジュ・ペイ・アヴェキュンヌ・カルト]
クレジットカードで払います。

# Au cinéma
[オ・シネマ]
映画館で

### Je vais au cinéma avec une copine ce soir.
[ジュ・ヴェ・オ・シネマ・アヴェキュンヌ・コピーヌ・ス・ソワール]
今晩、友達と映画館に行くの。

### J'adore voir un film en grand écran.
[ジャドール・ヴォワール・アン・フィルム・アン・グラン・テクラン]
映画館で映画を見るのが大好きよ。

### Surtout quand je vois un film d'action !
[スュルトゥー・カン・ジュ・ヴォワ・アン・フィルム・ダクスィヨン]
とりわけアクション映画を見る時はね！

---

マニアックな映画好きではなくとも、定期的に映画館やDVDで映画鑑賞を楽しむパリジェンヌ。なんといってもパリにはミニシアターや歴史的で個性的な映画館が多いから、話のネタとしても訪れてみたいもの。

週末のパリジェンヌ／映画館で

> 基本の会話

## Je voudrais voir le film Amélie Poulain.
［ジュ・ヴドレ・ヴォワール・ル・フィルム・アメリ・プーラン］
アメリ・プーランの映画を見たいのですが。

## A quelle heure commence la prochaine séance ?
［ア・ケルゥール・コマンス・ラ・プロシェンヌ・セアンス］
次の上映は何時から始まりますか？

## A 19h25.
［ア・ディズヌヴール・ヴァントサンク］
19時25分です。

## Je prends deux billets.
［ジュ・プラン・ドゥー・ビエ］
チケット2枚もらいます。

## C'est dans la salle 3.
［セ・ダン・ラ・サル・トロワ］
3番ホールです。

109

🏷 **覚えておきたい基本単語**

## 【 cinéma [シネマ] (*m.*)　映画館 】
"salle de cinéma [サル・ドゥ・シネマ] (*f.*)" とも。話し言葉では "ciné [シネ]" と略すことが多いです。またジャンルとしての「映画」という意味でも使われます。

### Je suis allée au ciné hier soir.
[ジュ・スュイ・ザレ・オ・シネ・イエール・ソワール]
昨晩、映画館に行ったわ。

## 【 film [フィルム] (*m.*)　映画 】
1本の映画フィルムを指す場合はこちら。基本的に「映画を見る」で使うのは "voir [ヴォワール]"、「見る」という行動を表す時は "regarder [ルガルデ]" を使います。

### Je vais voir un film.
[ジュ・ヴェ・ヴォワール・アン・フィルム]
映画を見にいくわ。

### J'ai vu un film au cinéma avec mes copains.
[ジェ・ヴュ・アン・フィルム・オ・シネマ・アヴェク・メ・コパン]
友達と映画館で映画を見たの。

### On est en train de regarder un film en DVD chez moi.
[オネ・アン・トラン・ドゥ・ルガルデ・アン・フィルム・アン・デーヴェーデー・シェ・モワ]
私たちはうちで、DVDの映画を見ている最中よ。

## 【 billetterie [ビエトリー] (*f.*)　切符売場 】
普通料金は "tarif normal [タリフ・ノルマル] (*m.*)"、学生料金は "tarif étudiant [タリフ・エテュディヤン]"、子供料金は "tarif enfant [タリフ・アンファン]"、シニア料金は "tarif senior [タリフ・セニオール]" と、料金が分かれているのでチェックして。

週末のパリジェンヌ／映画館で

## 【 un billet [アン・ビエ] チケット1枚 】

窓口で買うときは "un adulte [アン・ナデュルト] (大人1枚)"、"un étudiant [アン・ネテュディヤン] (学生1枚)" "un enfant [アン・ナンファン] (子供1枚)" と言って買います。"pour 〜" で見たい映画の題名を後ろにつけてね。学生や子供料金で買うときは、身分証明書 "pièce d'identité [ピエス・ディダンティテ] (*f.*)" の提示を求められることがあります。

### Deux étudiants pour Le Fabuleux Destin d'Amélie Poulain, s'il vous plaît.
[ドゥー・ゼテュディヤン・プール・ル・ファビュルー・デスタン・ダメリー・プーラン、シル・ヴ・プレ]
アメリ・プーランを学生2枚ください。

### Vos pièces d'identité, s'il vous plaît.
[ヴォ・ピエス・ディダンティテ、シル・ヴ・プレ]
身分証明書をお願いします。

## 【 salle [サル] (*f.*) ホール 】

大きな映画館だといくつかのホールに分かれているため、見たい映画が何番ホールで上映されるのかをチェック。スクリーンは "écran [エクラン] (*m.*)"。ちなみにパリでは夏になると屋外映画館 "cinéma en plein air [シネマ・アン・プラン・ネール]" もあちこちで開催されます。

### On va au cinéma en plein air ?
[オン・ヴァ・オ・シネマ・アン・プラン・ネール]
屋外映画館に行かない？

## パリジェンヌ流会話

### Beaucoup de films sont à l'affiche.
[ボークー・ドゥ・フィルム・ソン・ア・ラフィッシュ]
たくさんの映画が上映されているね。

### L'autre jour j'ai vu une comédie en avant-première.
[ロートル・ジュール・ジェ・ヴュ・ユンヌ・コメディ・アン・ナヴァン・プルミエール]
先日、試写会でコメディ映画を見たわ。

### J'ai bien rigolé.
[ジェ・ビヤン・リゴレ]
とても面白かった。

### Cet acteur est trop marrant.
[セッタクトゥール・エ・トロ・マラン]
あの俳優は可笑しすぎるわ。

### Moi, je suis allée à un ciné indépendant pour voir un vieux film français.
[モワ・ジュ・スュイ・ザレ・ア・アン・シネ・アンデパンダン・プール・ヴォワール・アン・ヴィユー・フィルム・フランセ]
私は、古いフランス映画を見るためにミニシアターに行ったの。

### Avec une copine cinéphile.
[アヴェキュンヌ・コピーヌ・スィネフィル]
映画好きな友達とよ。

### La fin du film était vraiment triste.
[ラ・ファン・デュ・フィルム・エテ・ヴレマン・トリスト]
映画の終わりがとても悲しかった。

### Je peux pleurer encore en racontant cette histoire.
[ジュ・プ・プルレ・アンコール・アン・ラコンタン・セッティストワール]
その物語を話しながら、再び泣けるわ。

### Mais alors, quel film on va choisir ?
[メ・アロール、ケル・フィルム・オン・ヴァ・ショワズィール]
でもところで、どの映画を選ぶ？

週末のパリジェンヌ／映画館で

【 **affiche** [アフィッシュ] (*f.*)　上映プログラム 】
「ポスター」という意味もある単語で、"être à l'affiche [エトル・ア・ラフィッシュ]"で「上映されている」となります。「封切られる」は、"sortir [ソルティル]"。

## Ce film est encore à l'affiche.
[ス・フィルム・エ・アンコール・ア・ラフィッシュ]
この映画はまだ上映されているわ。

## Quand sort ce film ?
[カン・ソール・ス・フィルム]
この映画はいつ封切られるのですか？


【 **comédie** [コメディ] (*f.*)　コメディ映画 】
アクション映画"film d'action [フィルム・ダクション] (*m.*)"、ホラー映画"film d'horreur [フィルム・ドルール]"、恋愛映画"film romantique [フィルム・ロマンティック]"、アニメ映画"dessin animé [デサン・アニメ] (*m.*)"など、お好みで。

## J'aime les dessins animés japonais.
[ジェム・レ・デサン・アニメ・ジャポネ]
日本のアニメが好きよ。


【 **avant-première** [アヴァン・プルミエール]　試写会、プレミアショー 】
予告編は"bande-annonce [バンダノンス] (*f.*)"、短編作品は"court-métrage [クール・メトラージュ] (*m.*)"と言います。

## J'ai une invitation en avant-première.
[ジェ・ユン・ナンヴィタスィヨン・アン・ナヴァン・プルミエール]
試写会の招待状があるのよ。

週末のパリジェンヌ／映画館で

## 【 cinéma indépendant [シネマ・アンデパンダン] (m.) ミニシアター 】
パリにはアートシアターに指定された"cinéma Art et Essai [シネマ・アール・エ・エセ]"も多いため、名画や外国のマイナー映画も楽しんでみて。ポルノ映画は"film (classé) X [フィルム・(クラセ)・イクス]"と言います。

## 【 cinéphile [シネフィル] 映画好き 】
何かに夢中ならば、"être passionné de ~ [エトル・パスィオネ・ドゥ・~] (~に夢中だ)"と言うことができます。主語が女性ならば、"passionnée"と女性形になることに注意。

### Je suis passionnée de cinéma français.
[ジュ・スュイ・パスィオネ・ドゥ・シネマ・フランセ]
フランス映画に夢中よ。

## 【 film français [フィルム・フランセ] (m.) フランス映画 】
アメリカ映画ならば、"film américain [フィルム・アメリカン]"、日本映画ならば"film japonais [フィルム・ジャポネ]"。フランス語吹き替え版"version française [ヴェルスィヨン・フランセーズ] (f.)"は略して"VF"と表記されます。原語版は"version originale [ヴェルスィヨン・オリジナル] (f.)"で略して"VO"。サブタイトルは"sous-titre [スー・ティトル] (m.)"。フランス語のサブタイトルは"sous-titre en français [スー・ティトル・アン・フランセ]"で、略して"STF"。3Dは3D [トロワ・デー]で、"trois dimensions [トロワ・ディマンスィオン] (f.)"の略。映画館によっては3D用メガネ"les lunettes 3D [レ・リュネット・トロワ・デー] (f.)"ももちろん、置いてあります。

### Je veux voir ce film en 3D.
[ジュ・ヴ・ヴォワール・ス・フィルム・アン・トロワ・デー]
3Dでこの映画を見たいわ。

## 嘆くパリジェンヌ

**Les Parisiennes qui se plaignent.**
[レ・パリジェンヌ・キ・ス・プレニュ]

嘆くとなったら、とことん嘆くのもパリジェンヌ。
でも大抵、話した後はけろりと元気になる人が
多いのです。パリジェンヌたちにとって、
おしゃべりすることはストレス発散法！

**C'est foutu !**
[セ・フテュ]
ダメになった！

**Catastrophe !**
[カタストロフ]
大変だ！

**C'est mal barré.**
[セ・マル・バレ]
出だしが悪いわ。

**Je suis crevée.**
[ジュ・スュイ・クルヴェ]
くたくただわ。

**J'ai le cafard.**
[ジェ・ル・カファール]
憂鬱よ。

**Je m'ennuie.**
[ジュ・マンニュイ]
退屈だわ。

**Ça m'embête.**
[サ・マンベット]
困ったわ。

**Ça me gonfle.**
[サ・ム・ゴンフル]
うんざりよ。

**J'en ai ras le bol.**
[ジャネ・ラ・ル・ボル]
うんざりよ。

**J'en ai marre !**
[ジャネ・マール]
うんざり！

**Je suis désespérée.**
[ジュ・スュイ・デゼスペレ]
絶望的だわ。

**C'est la galère.**
[セ・ラ・ガレール]
ひどい状態よ。

**J'en peux plus !**
[ジャン・プ・プリュ]
もう無理よ！

**Je n'y peux rien.**
[ジュ・ニ・プ・リアン]
お手上げだわ。

**Rien à faire.**
[リアン・ナ・フェール]
どうしようもない。

**Ça va mal finir.**
[サ・ヴァ・マル・フィニール]
ろくでもなく終わるよ。

# A la fête
[ア・ラ・フェット]
## パーティーで

### Je suis invitée chez une copine ce soir.
[ジュ・スユイ・ザンヴィテ・シェ・ユンヌ・コピーヌ・ス・ソワール]
今夜は友達の家に招待されているの。

### C'est la fête de son anniversaire.
[セ・ラ・フェット・ドゥ・ソン・ナニヴェルセール]
彼女の誕生日パーティーよ。

### Qu'est-ce que je lui offre comme cadeau ?
[ケ・ス・ク・ジュ・リュイ・オフル・コム・カドー]
プレゼントに何を贈ろうかな？

---

パリジェンヌたちは自宅に人を招くのが好き。パーティーとまでいかなくとも、親しい人々と一緒にのんびりと家で夕食を囲んで過ごすのは、何よりの楽しみです。誕生日のパーティーだって、自分で企画してしまいます。

週末のパリジェンヌ／パーティーで

**基本の会話**

## Merci pour votre invitation.
［メルスィ・プール・ヴォトル・アンヴィタスィヨン］
ご招待ありがとうございます。

## Je vous présente Céline.
［ジュ・ヴ・プレゼント・セリーヌ］
セリーヌを紹介しますね。

## C'est Nathalie.
［セ・ナタリー］
こちらはナタリー。

## Enchantée !
［アンシャンテ］
はじめまして！

## Prenons un verre.
［プルノン・アン・ヴェール］
グラスを取りましょう。

## Santé !
［サンテ］
乾杯！

> 覚えておきたい基本単語

## 【 fête [フェット] (f.) パーティー 】

動詞形は"fêter [フェテ] (祝う)"。「お誕生日パーティー」は"fête d'anniversaire [フェット・ダニヴェルセール]"、「引っ越し祝い」は"crémaillère [クレマイエール] (f.)"など、口実は何でもいい。パーティーではなく、ただ単に夕食"dîner [ディネ] (m.)"に招待されることも多いです。

### Je fais une fête chez moi.
[ジュ・フェ・ユンヌ・フェット・シェ・モワ]
家でパーティーをするの。

## 【 vernissage [ヴェルニサージュ] (m.) ヴェルニサージュ 】

パリのパーティーとして定番なのが、展覧会の初日に開かれるオープニングパーティー。大抵木曜日の夜に開催されることが多く、グラスを片手に道路まで溢れ出して飲んでいるパリジェンヌたちが目印。

### On va au vernissage ce soir ?
[オン・ヴァ・オ・ヴェルニサージュ・ス・ソワール]
今晩、ヴェルニサージュに行かない？

## 【 inviter [アンヴィテ] 招待する 】

招待客は"invité(e) [アンヴィテ]"。「招待する」と「招待される」では、取る助動詞が異なります。

### J'ai invité des amis au dîner.
[ジェ・アンヴィテ・デ・ザミ・オ・ディネ]
夕食に友達を招待したの。

### Je suis invitée au mariage.
[ジュ・スュイ・ザンヴィテ・オ・マリアージュ]
結婚式に招待されたわ。

## 【 présenter ［プレザンテ］ 紹介する 】

招待された場には、初めて会う人がいる場合もあります。"présenter A à B"で「BにAを紹介する」。ホストが知らない者同士を紹介してくれるのが基本。初対面のため、その時に握手を交わしますが、人によってはすぐにビズを交わすこともあります。大勢のパーティーなら、各自、自分の名前を伝えながらあいさつを交わします。

### Vous vous appelez comment ?
［ヴ・ヴ・ザプレ・コマン］
お名前は何ですか？

### Je m'appelle Isabelle.
［ジュ・マペル・イザベル］
イザベルです。

## 【 Enchanté(e) !［アンシャンテ］ はじめまして! 】

一言で言うことが多いのですが、意味としては「初めてお会いできてうれしいです」ということ。したがって、最初に会った時だけでなく、別れる時にも言うことができます。また、同じ意味で"Très heureux (heureuse).［トレ・ズルー（ズ）］"と言うこともあります。

### Je suis enchantée de faire votre connaissance.
［ジュ・スュイ・ザンシャンテ・ドゥ・フェール・ヴォトル・コネサンス］
お近づきになれてうれしいです。

### Je suis très heureuse de vous rencontrer.
［ジュ・スュイ・トレ・ズルーズ・ドゥ・ヴ・ランコントレ］
お会いできてとてもうれしいです。

> パリジェンヌ流会話

## Qu'est-ce que tu bois comme apéro ?
[ケ・ス・ク・テュ・ボワ・コム・アペロ]
食前酒に何を飲む？

## Il y a du champagne, du kir, du whisky.
[イリヤ・デュ・シャンパーニュ、デュ・キール、デュ・ウィスキー]
シャンパン、キール、ウイスキーがあるわ。

## Je veux bien une coupe de champagne, s'il te plaît.
[ジュ・ヴ・ビヤン・ユンヌ・クープ・ドゥ・シャンパーニュ、シル・トゥ・プレ]
シャンパン1杯がいいわね、お願い。

## Joyeux anniversaire !
[ジョワイユー・ザニヴェルセル]
お誕生日おめでとう！

## Tiens, c'est pour toi.
[ティヤン、セ・プール・トワ]
はい、あなたによ。

## Merci, c'est très joli !
[メルスィ、セ・トレ・ジョリ]
ありがとう、とてもきれい！

## A table !
[ア・ターブル]
食卓にどうぞ！

## On se met où ?
[オン・ス・メ・ウ]
どこに座るの？

## Toi, tu te mets à côté de Paul.
[トワ、テュ・トゥ・メ・ア・コテ・ドゥ・ポール]
あなたは、ポールの横に座って。

週末のパリジェンヌ／パーティーで

## 【 apéro [アペロ] (m.)　食前酒 】
"apéritif [アペリティフ] (m.)" の略で、日常的には略して言うことが多いです。また、飲み物が出るパーティーのことでも。カフェで食前酒を飲んだり、人の家に食前酒だけで招待される場合もあり、パリジェンヌたちはアペロが大好き。夕食に招待された時でも必ず最初に出されます。アルコールが飲めない人はジュースなどを頼んでももちろんOK。

### On boit un coup ?
[オン・ボワ・アン・クー]
1杯飲む？

## 【 champagne [シャンパーニュ] (m.)　シャンパン 】
アペロの代表選手と言えば、シャンパン。何かお祝い事があってもなくても、すぐにシャンパンを開けたがるのがパリジェンヌ。他にもビール "bière [ビエール] (f.)"、ワイン "vin [ヴァン] (m.)"、カクテル "cocktail [コクテル] (m.)"、ウイスキー "whisky [ウィスキー] (m.)" が一般的。

## 【 amuse-gueule [アミューズ・グル] (m.)　おつまみ 】
食前酒とともに出されるおつまみのこと。一口サイズのパイ生地おつまみ "petit-four [プティ・フール] (m.)"、カナッペ "canapé [カナッペ] (m.)"、小さなグラスに入った冷菜 "verrine [ヴェリーヌ] (f.)" など。乾きもの系のおつまみ "snack [スナック] (m.)" もあります。

## 【 Santé ! [サンテ]　乾杯 ! 】
"A votre santé [ア・ヴォトル・サンテ]" の略で、"A la vôtre [ア・ヴォートル]" と言うことも。他にも「〜に乾杯」という意味で "A" の後ろに人の名前を入れたり、祝いたい物事を言ったり、いろいろな言い方ができます。

### A la tienne !
[ア・ラ・ティエンヌ]
君に乾杯 !

週末のパリジェンヌ／パーティーで

【 cadeau [カドー] (*m.*)　プレゼント 】
招待された時の手土産として持っていく定番モノは、シャンパンのボトル"bouteille de champagne [ブティユ・ドゥ・シャンパーニュ] (*f.*)"、ワインのボトル"bouteille de vin [ブティユ・ドゥ・ヴァン] (*f.*)"、花束"bouquet de fleurs [ブーケ・ドゥ・フルール] (*f.*)"。とても親しい間柄ならば、相手の好みに合わせたプレゼントをもちろん選んでね。渡すタイミングは、相手の家に入った時が基本。誕生日プレゼントなどは、乾杯の後などでもOKです。もらった人は「Merci !」と言いながら、相手にビズを返します。

### J'ai un petit cadeau pour toi.
[ジェ・アン・プティ・カドー・プール・トワ]
ちょっとしたプレゼントを持って来たよ。

### C'est très gentil !
[セ・トレ・ジャンティ]
親切にありがとう！

【 A table ! [ア・ターブル]　食卓へどうぞ！ 】
リビングでアペロを飲んでから、ダイニングへ通されるのが基本のパターン。ホストが様子を見計らってテーブルへ招待客を誘導します。しかし、大抵アペロだけでも1時間以上もかかり、パリジェンヌたちの夕食を食べ始める時間がどんどん遅くなっていくのです。

### Passons à table.
[パッソン・ア・ターブル]
食卓につきましょう。

【 On se met où ? [オン・ス・メ・ウ]　どこに座るの？ 】
セッティングされたテーブルには、どこに誰が座るのかホストが決めてくれます。カップル同士だったり、男女混合だったりする場合は、男女が交互の席になるようになど、席順もいろいろ。

125

# En vacances

[アン・ヴァカンス]

## バカンスへ

### Les grandes vacances commencent bientôt.
[レ・グランド・ヴァカンス・コマンス・ビヤント]
長期バカンスがもうすぐ始まるわ。

### J'ai plein de projets pour cet été.
[ジェ・プラン・ドゥ・プロジェ・プール・セッテテ]
今年の夏にたくさんの予定があるのよ。

### J'ai hâte de partir en vacances !
[ジェ・アット・ドゥ・パルティル・アン・ヴァカンス]
早くバカンスに出発したい！

---

夏になるとパリジェンヌたちは誰もがバカンスに出かけてしまうため、パリには住人がすっかりいなくなり、観光客ばかりになるのがお決まり。バカンス前になると、頭の中はバカンス一色になり、浮足立ったパリジェンヌたちが多くなるのです。

週末のパリジェンヌ／バカンスへ

> 覚えておきたい**基本単語**

## 【 vacances [ヴァカンス] (*f.*) バカンス 】

常に複数形で使います。子供たちならば、年間多くのバカンスがありますが、大人たちにとって長期バカンスと言えば、夏に取るバカンス "vacances d'été [ヴァカンス・デテ]"、または "grandes vacances [グランド・ヴァカンス]"。

### Je prends des vacances en été.
[ジュ・プラン・デ・ヴァカンス・アン・ネテ]
夏にバカンスを取るわ。

### Je pars en vacances dans deux semaines.
[ジュ・パール・アン・ヴァカンス・ダン・ドゥー・スメーヌ]
2週間後にバカンスに行くのよ。

## 【 congé [コンジェ] (*m.*) 休暇 】

フランスでは年間で5週間の休暇が取れることになっているので、商店なども夏の時期に長期休暇で店を閉めるところが多いのです。そんな場合は、店先に「年次休暇のため "pour congé annuel [プール・コンジェ・アニュエル] (*m.*)"」と張り紙がされています。「有給」は "congés payés [コンジェ・ペイエ]"。

### La boutique est fermée du 21 juillet au 14 août pour congé annuel.
[ラ・ブティック・エ・フェルメ・デュ・ヴァンテ・アン・ジュイエ・オ・カトルズ・ウト・プール・コンジェ・アニュエル]
年次休暇のため、店は7月21日から8月14日まで閉まっています。

## 【 rentrée [ラントレ] (*f.*) 休み明け 】

動詞形は "rentrer [ラントレ] (帰る、復帰する)"。フランスは夏休みが明け、9月から新しく学校が始まるため、「新学期」という意味もあります。

### Bonne rentrée !
[ボンヌ・ラントレ]
よいお戻りを(よい新学期を)！

> **パリジェンヌ流会話**

## Où vas-tu en vacances cet été ?
[ウ・ヴァ・テュ・アン・ヴァカンス・セッテテ]
今年の夏はどこにバカンスに行くの？

## Je vais chez ma grand-mère en Bretagne au mois de juillet.
[ジュ・ヴェ・シェ・マ・グラン・メール・アン・ブルターニュ・オ・モワ・ドゥ・ジュイエ]
7月はブルターニュ地方のおばあちゃんの家に行くの。

## Ensuite en août, je vais louer un gîte avec des amis dans le Midi.
[アンスュイット・アン・ヌット、ジュ・ヴェ・ルエ・アン・ジット・アヴェック・デ・ザミ・ダン・ル・ミディ]
それから8月は、南仏に友達と別荘を借りるつもりよ。

## Ah bon. Dans quel coin du Midi vas-tu?
[ア・ボン。ダン・ケル・コワン・デュ・ミディ・ヴァ・テュ]
へえ。南仏のどこに行くの？

## Parce que moi aussi, je vais chez les parents d'une copine qui habitent à côté de Nice.
[パルス・ク・モワ・オスィ、ジュ・ヴェ・シェ・レ・パラン・デュヌ・コピーヌ・キ・アビット・ア・コテ・ドゥ・ニース]
なぜなら私もよ、ニースの近くに住んでいる友達の両親の家に行くの。

## C'est vrai ! C'est dans les Alpes-Maritimes.
[セ・ヴレ。セ・ダン・レ・ザルプ・マリティーム]
本当に！ アルプ・マリティーム県内よ。

## Mais je crois que c'est pas au bord de la mer, c'est dans la montagne.
[メ・ジュ・クロワ・ク・セ・パ・オ・ボール・ドゥ・ラ・メール、セ・ダン・ラ・モンターニュ]
でも海辺ではなく、山の中だと思うよ。

## Si on peut se voir là-bas, on s'appelle !
[スィ・オン・プ・ス・ヴォワール・ラ・バ、オン・サペル]
向こうで会えるなら、連絡し合おう！

## C'est chouette !
[セ・シュエット]
いいね！

週末のパリジェンヌ／バカンスへ

## 【 en été [アン・ネテ]　夏に 】

「春に」は"au printemps [オ・プランタン]"、「秋に」は"en automne [アン・ノトンヌ]"、「冬に」は"en hiver [アン・ニヴェール]"で、春だけ前置詞が異なることに注意。「今年の」と言う場合は指示形容詞を前につけます。「今年の春(ce printemps[ス・プランタン])」、「今年の夏(cet été [セッテテ])」、「今年の秋(cet automne [セットトンヌ])」、「今年の冬(cet hiver [セッティヴェール])」。

### Je suis allée à Londres ce printemps.
[ジュ・スュイ・ザレ・ア・ロンドル・ス・プランタン]
この春、ロンドンに行ったの。


## 【 au mois de juillet [オ・モワ・ドゥ・ジュイエ]　7月に 】

暦の月の言い方は2通りできます。"au mois de～[オ・モワ・ドゥ]"、または"en～[アン]"。

### Je reste un mois en août chez mes parents.
[ジュ・レスト・アン・モワ・アン・ヌト・シェ・メ・パラン]
8月に1カ月、両親の家に滞在するわ。


## 【 chez ma grand-mère [シェ・マ・グラン・メール]　おばあちゃんの家 】

知人の家に泊まるのが、バカンスをもっとも安く済ませる方法。大抵のパリジェンヌは、親戚や友達の家などでバカンスを過ごします。もちろん、別荘 "la maison secondaire [ラ・メゾン・スゴンデール]"を持っている人もいます。

### J'ai une maison secondaire en Normandie.
[ジェ・ユンヌ・メゾン・スゴンデール・アン・ノルマンディ]
ノルマンディーに別荘があるの。

週末のパリジェンヌ／バカンスへ

## 【 en Bretagne [アン・ブルターニュ]　ブルターニュ地方に 】

地方名は、多くが前置詞 "en [アン]" をつけた言い方、地域名や県名は "dans [ダン]" をつけた言い方が多いです。町の名前は前置詞 "à [ア]" をつけます。

### J'ai une cousine qui habite dans le Périgord.
[ジェ・ユンヌ・クズィーヌ・キ・アビット・ダン・ル・ペリゴール]
ペリゴール地方に住む従妹がいるわ。

## 【 gîte [ジット] (m.)　貸別荘 】

知人の家に泊まらなくても、予算に応じて宿泊施設が選べます。ホテル "hôtel [オテル] (m.)"、貸しアパルトマン "location d'appartement [ロカスィヨン・ダパルトマン] (f.)"、B&B "chambre d'hôte [シャンブル・ドット] (f.)"、キャンプ "camping [キャンピング] (m.)" など。

### Je loge à l'hôtel une semaine.
[ジュ・ロジュ・ア・ロテル・ユンヌ・スメーヌ]
1週間ホテルに泊まるわ。

## 【 bord de la mer [ボール・ドゥ・ラ・メール]　海辺 】

都会に "en ville [アン・ヴィル]" 住むパリジェンヌたちが目指すのは、やはり田舎 "à la campagne [ア・ラ・カンパーニュ]"。バカンスの行き先でまずは決めなくてはいけないのが海 "la mer [ラ・メール]" か、山 "la montagne [ラ・モンターニュ]" か。さらに近くに砂浜 "une plage [ユンヌ・プラージュ]" があるのか、村 "un village [アン・ヴィラージュ]" があるのか、湖 "un lac [アン・ラック]" があるのか、と目的地を決めていきます。

### Je veux absolument aller à la plage !
[ジュ・ヴ・アブソリュマン・アレ・ア・ラ・プラージュ]
砂浜に絶対に行きたい！

## 大げさなパリジェンヌ

**Les Parisiennes qui exagèrent.**
[レ・パリジェンヌ・キ・エグザジェル]

大抵のことは実際よりも誇張して話すのが
パリジェンヌ。以下を付け加えれば
"パリジェンヌ的な言い回し"になること必至です。

---

### très [トレ] とても
Très bien ! [トレ・ビヤン] とてもいい！

### trop [トロ] あまりにも
Trop bon ! [トロ・ボン] あまりにもおいしすぎる！

### vraiment [ヴレモン] 非常に
Vraiment magnifique ! [ヴレモン・マニフィック] 非常にすばらしい！

### super [スーペル] すばらしく
Super beau ! [スーペル・ボー] すばらしく美しい！

### vachement [ヴァシュモン] ものすごく
Vachement mignon ! [ヴァシュモン・ミニョン] ものすごくかわいい！

### hyper [イペール] 猛烈に
Hyper dommage ! [イペール・ドマージュ] 猛烈に残念！

### terriblement [テリブルモン] ひどく
Terriblement bavard ! [テリブルマン・バヴァール] ひどくおしゃべりだわ！

### énormément [エノルメモン] はなはだしく
Enormément différent ! [エノルメモン・ディフェラン] はなはだしく違うわ！

## ultra [ウルトラ]　超
Ultra extraordinaire ! [ウルトラ・エクストラオルディネール]　超すごい！

## extrêmement [エクストレームモン]　極めて
Extrêmement joli ! [エクストレームモン・ジョリ]　極めてすてき！

## monstrueusement [モンストリューズモン]　恐ろしく
Monstrueusement génial ! [モンストリューズモン・ジェニアル]　恐ろしくすごい！

## miraculeusement [ミラクルーズモン]　驚異的に
Miraculeusement excellent ! [ミラクルーズモン・エクセラン]　驚異的にすばらしい！

## complètement [コンプレトモン]　完全に
Complètement dingue ! [コンプレトモン・ダング]　完全にイカれているわ！

---

そんな大げさなパリジェンヌたちにひとこと言いたくなったら、以下の言葉を投げかけましょう。

C'est exagéré. [セ・テグザジェレ]　大げさだ。
Tu parles ! [テュ・パルル]　よく言うよ！
Mon œil ! [モン・ヌイユ]　うそつけ！
N'importe quoi ! [ナンポルト・クワ]　めちゃくちゃよ！

PIETONS

# A demain, les Parisiennes !
[ア・ドゥマン、レ・パリジェンヌ]
パリジェンヌたち、また明日ね！

著 者
## 酒巻 洋子 (さかまき ようこ)
フリー編集ライター
女子美術大学デザイン科を卒業後、渡仏。パリの料理学校、ル・コルドン・ブルーに留学。帰国後、編集プロダクション、出版社勤務を経てフリーに。2003年再び、渡仏し、現在パリとノルマンディーを行き来。ブログ「いつものパリ」(http://paparis.exblog.jp/)にてパリのお散歩写真を公開中。著書に「パン屋さんのフランス語」「お散歩しながらフランス語」「カフェでフランス語」「お花屋さんでフランス語」「お菓子屋さんでフランス語」「旅しながらフランス語」「ここからはじめるフランス語」(以上すべて三修社)、「パリのプチホテル」(産業編集センター)、「貸しアパルトマンで見つけた パリ流暮らしのインテリア」(新紀元社)、など多数。

*Remerciements à la famille Lepetit pour leur aide à la réalisation de ce livre.*

## パリジェンヌのフランス語

2014年9月20日　第1刷発行

著　者　酒巻洋子
発行者　前田俊秀
発行所　株式会社三修社
　　　　〒150-0001 東京都渋谷区神宮前2-2-22
　　　　TEL 03-3405-4511　FAX 03-3405-4522
　　　　振替 00190-9-72758
　　　　http://www.sanshusha.co.jp/
　　　　編集担当　菊池 暁

印刷・製本　凸版印刷株式会社

装丁・本文デザイン　秋田康弘

©Yoko Sakamaki 2014 Printed in Japan
ISBN978-4-384-05775-1 C0085

R ＜日本複製権センター委託出版物＞
本書を無断で複写複製(コピー)することは、著作権法上の例外を除き、禁じられています。
本書をコピーされる場合は、事前に日本複製権センター(JRRC)の許諾を受けてください。
JRRC〈http://www.jrrc.or.jp　e-mail: info@jrrc.or.jp　tel: 03-3401-2382〉